Por qué prefiero ser un narco 5:
La fortuna de los adictos

Joaquín Matos

LA DEDICATORIA

Aunque no está escrito para todos, este libro esta dedicado a esos analíticos que se han atrevido a hacer la pregunta, "¿Cómo voy a sobrevivir a pesar de la hostilidad de mi entorno inmediato?"

ÍNDICE DE CONTENIDOS

* Este libro contiene ejemplos de argot, expresiones coloquiales y regionalismos. Hemos incluido un glosario de los términos y expresiones utilizados al final del libro.

RECONOCIMIENTOS

Muchas gracias a todos los que estuvieron en este proyecto. Y no podemos olvidar la población en Venezuela afectada por las crisis, merece mejor. Mis pensamientos y oraciones están con ustedes y sus familias.

1

En el camino de regreso a San Cristóbal fuimos escoltados por dos camionetas, con cuatro sujetos armados en cada una de ellas para asegurarnos de llegar a buen puerto con todo el dinero. Ninguna persona inteligente dejaría que varios millones de dólares viajaran a la deriva por las malditas carreteras de Venezuela. Salimos a las tres de la madrugada de Maracaibo y llegamos a San Cristóbal a las ocho y treinta de la mañana. Sin sobresaltos, sin apuros, sin problemas en las alcabalas. Todos los agentes estaban comprados y no hubo inconvenientes que lamentar. Llegué agotado, con ganas de salir corriendo, estirarme, coger, dormir, comer... No sé... Cualquier mierda. Había pasado más de una hora montado en una avioneta y luego tuve que viajar en un carro durante más de seis horas. Había sido un día de mierda, pero un día de mierda recompensado con doscientos cincuenta mil dólares. Al fin, mi pequeño imperio comenzaba a crecer. Aunque aquello no me permitiría recuperar a mi hija, por lo menos podría vengarme de esos malditos sin rostro ni nombre que tanto ansiaba encontrar.

No hay nada en este mundo que el dinero no pueda lograr.

En casa me esperaba el Tino Méndez. En la acera vi tres camionetas negras estacionadas conspicuamente. Habían reabierto la frontera. El imbécil del Presidente se había dado cuenta de que la había cagado con esas medidas que únicamente entorpecían las denodadas labores de corrupción de su gobierno y decidió pedir perdón a los colombianos y seguir siendo un maldito, pero con las fronteras abiertas. Metimos la camioneta en el garaje de la casa de Colinas de Pirineos. Al instante, los carros que venían siguiéndonos desde Maracaibo dieron la vuelta y se marcharon. Cuando se percató de que habíamos llegado, Luciana salió a saludar.

—Luis, ¿son ustedes?

—Por supuesto, ¿no estás viéndonos? ¿Crees que me volví un fantasma?

—Estaba muy asustada, Luis. Todos estos hombres que no conozco y se estacionaron ahí afuera sin decir una sola palabra.

–Tranquila. Son conocidos, trabajan conmigo.

–¿Contigo? Pero si son unos criminales...

–Basta, mujer. Ve adentro, enseguida estaré contigo.

–¿Qué te pasa, Luis? ¿Por qué me tratas mal? Antes no eras así conmigo.

–Luciana… Por el amor a Dios, no me jodas la vida. Estoy cansado, acabo de llegar de un duro viaje… No te imaginas todo lo que he tenido que hacer. Déjame atender a estos hombres para que se vayan cuanto antes.

–Pero… Luis…

–¡Ay, mierda! Alirio, aparta de mi vista a esta mujer.

Entonces Alirio tomó por los brazos a Luciana y la llevo dentro de la casa. El Tino Méndez bajó de una de las camionetas y vino a saludarme.

–Luis Restrepo –dijo, sonriendo levemente.

–Tino Méndez –contesté, con firmeza.

–Cuénteme cómo me le fue, parce.

–Todo bien, sin sobresaltos, según lo planeado. No hubo problemas en los aeropuertos, ni en las carreteras. La entrega se hizo a tiempo, el dinero está completo.

–Claro, parcero, así funcionan las cosas en este mundo cuando se trabaja con la gente correcta.

–Ahí está tu dinero… En la parte trasera de la camioneta.

–Mis hombres ya lo están bajando, les dije que

sacaran de inmediato tu parte y la dejaran en otro bolso allí mismo, dentro de la camioneta.

–Perfecto.

–Te dejaré trescientos mil dólares por hacer bien el trabajo. Para ti y tus hombres.

–Muchas gracias, parcero.

–Con gusto, Luis Restrepo. Ya ve que era cierto lo que le dije: usted se alinea conmigo y le va a ir bien.

–Así es, gracias.

–Además le tengo buenas noticias.

–¿Qué sucede?

–Hice unas cuantas llamadas…

–¿Y?

–Averigüé quienes fueron los parásitos que se metieron a la casa de su suegra.

–¿Sabes quiénes son los malditos que asesinaron a Erika y a mi hija?

–Eso mismo, Luis Restrepo. Como sospechábamos, son gente de los malditos de Cali.

–Sí, claro, lo sospeché, pero, ¿quiénes son? ¿Dónde están?

–Tranquilo, mijo, deje que termine de contarle.

–Lo escucho.

–¿Recuerdas que esos cabrones querían meter una nueva célula para manejar el negocio que dejó Costello?

–Sí, claro.

–Los hijos de puta están atrincherados en una finca por Capacho. Mi gente ya los tiene fichados. Sabemos dónde se esconden.

–¿Quiénes y cuántos son? ¿Cómo se llaman?

–El jefe del clan es un tal Jairo Montería. Solía ser uno de los matones del cartel de Cali, está acá para encargarse del negocio. Fue el propio Jairo quien entró a su casa y mató a su mujer y a su hija, Restrepo.

–¿Cómo lo saben? ¿Está seguro?

–Parcero, en este mundo no hay nada que no se sepa. Eso fue facilito, pescamos a uno de los esbirros y lo torturamos hasta sacarle toda la información. Ahora el tipo está durmiendo con las moscas.

–¿Dijo algo más?

–La operación en la casa de tu suegra la llevaron a cabo tres tipos, pero la organización cuenta con cerca de doce hombres, más algunos malandros de poca monta que recolectan por la zona para trabajos eventuales. En la hacienda quizás haya dieciocho o veinte esbirros. Además de regular las operaciones del cartel de Cali, se dedican a delinquir por la zona, robar autos y hacer secuestros express. La cabeza es Jairo.

–Matemos al hijo de puta.

–Calma, mijo, descanse. Mis hombres se encargan de la inteligencia. No olvide que ahora usted es uno de los míos.

–Quiero matar a ese hijo de puta con mis propias manos.

–Y se lo voy a dejar al desgraciado en bandeja de plata para que haga lo que quiera con él. Necesito tiempo para coordinar los detalles. No podemos fallar. Tómese unos días de descanso. Yo le avisaré cuando todo esté listo.

–No sé cómo agradecerle.

–Parcero, manténgase fiel, eso es todo lo que le voy a decir, balas sobran en este mundo.

–No se preocupe, Tino. Estoy con usted a muerte.

–Ahora vaya y descanse, de seguro que está reventado.

–No se imagina.

–Pronto tendrás noticias, mijo.

2

La semana siguiente se me hizo interminable. Interminable y agotadora. Y no porque tuviese mucho que hacer, sino, al contrario, por la falta de acción, por no hacer más que esperar rumiando rabiosamente esa llamada del Tino Méndez. Quería ir a reventarles los sesos a esos hijos de puta de una buena vez. El odio me carcomía, sentía como si estuviese a punto de explotar a cada segundo. Cada maldito segundo era un martirio total. Soñaba con el momento en el que descargaría todo el cartucho de balas de mi pistola en la cara del maldito que se atrevió a tocar a mi hija.

No eran días fáciles y además debía acompañar a Luciana al médico y estar pendiente de sus consultas. Todo aquello hacía que me acordara más de Clara. Su nombre me perseguía día y noche: Clara, Clara, Clara, Clara, Clara, Clara…

Escuchaba su voz, ella me decía "papi". Y era un delirio porque mi Clarita nunca llegó a hablar, pero igual imaginaba su voz y no podía evitar preguntarme, ¿me estaré volviendo loco? La escuchaba toda la noche llamarme y decir: "Papi, sálvame: no me dejes morir". Y entonces revivían mis lamentos, mis rabias, mis rencores, mi ansiedad, mi odio.

Debía cargar con ello a diario, a cada instante...

Por las noches me tocaba cogerme a Luciana, pero esas noches de pasión en la playa quedaban muy lejos, se habían desvanecido sin dejar más que un regusto amargo. Ella había cambiado. Era como estar con otra persona. Al cogérmela sentía que ejecutaba algo similar a un servicio público, una obligación. No comprendía por qué su embarazo me había desencantado tanto, cómo había jodido a tal punto la fascinación que sentía hacia ella. El mundo me parecía un lugar demasiado irreal: de repente estaba allí, con una mujer que no quería, esperando un hijo que no deseaba, intentado superar la muerte de otra mujer, de mi verdadera hija: aquella que me impulsó a iniciarme en este negocio y hacer dinero para darle todo.

En mi casa tenía casi medio millón de dólares, que había ganado en tan solo un par de meses, pero era todo tan irreal, tan ilusorio y doloroso. Al fin tenía el dinero que tanto había deseado, pero había perdido a mi familia en el camino. ¿Cómo quedaba la ecuación de mi vida? ¿Había valido la pena?

No entendía nada. Me sentía como una especie de sonámbulo, deambulando por el mundo sin conocer la realidad. ¿Cómo era posible que de repente me encontrara en el país con la crisis más grande del planeta con un armario lleno de dólares? ¿Qué podía hacer con ese dinero? ¿Para qué me servía todo ese dinero?

Dediqué las siguientes semanas a comprar cosas que no necesitaba: un televisor de casi 100 pulgadas, que parecía una pantalla de cine; hice instalar un jacuzzi climatizado; construí una barra que llené con licores que ni siquiera bebía; instalé aparatos de aire acondicionado en todas las habitaciones de la casa, a pesar de que Colinas de Pirineos es la parte más fría de la ciudad; la cocina fue remodelada y acabó revestida en mármol de pared a pared; compré muebles de cuero, tapicería italiana, traída de no sé dónde culos, para embellecer un salón donde nunca recibía visitas. Y así, toda clase de estupideces que compraba para darle un sentido al dinero que había ganado en cuestión de horas. Pero lo peor era que después de gastar todo ese dinero, y haberle metido tantas porquerías a la casa, me seguía sintiendo igual de vacío, igual de estúpido.

Un día, en el fondo del pozo de mi

desesperación, comprendí que nunca volvería ser tan feliz como durante aquellos días en el apartamento de mierda que compartí con Clara y Erika. ¿Qué carajos podía hacer con mi vida ahora?

Volví a buscar refugio en la cocaína. Eso era lo único que lograba hacerme sentir bien, verdaderamente bien. Me caía a pases, a whisky, y luego iba a visitar a Esmeralda. Tiraba con ella durante horas y horas, o hacía orgías con sus compañeras. Pasaba varios días jalando y cogiendo sin parar. Eso me revivía. Le daba sentido a mi vida: tener ganas de coger y contar con varias putas a mi disposición era lo único que hacía correr el tiempo, mientras esperaba la llamada del Tino Méndez: la señal que me permitiría ejecutar mi ansiada venganza.

Gastaba dinero a puñados, me emborrachaba, me drogaba, cogía con putas y luego volvía a casa, peleaba con Luciana y volvía a salir. Eso fue todo lo que hice durante semanas y semanas. El Mamaco me cargaba de arriba para abajo, se aseguraba de que no me pasara nada. El Begonio estaba asignado a Luciana, para ayudar en todo lo que ella y el niño necesitaran. Un día me percaté abruptamente de que la distribución interna ya no me importaba, había dejado a cargo de ello a Alirio y al Mamaco. Ellos me rendían cuentas (a las que no prestaba mucha atención), mientras yo supervisaba las cargas grandes al exterior. No me interesaba ocuparme de tonterías que solo generaban diez o veinte mil dólares por semana. ¿Para qué hacer eso si con un solo trabajo podía ganar doscientos o quinientos mil? Pensé incluso en abrir mi propia ruta. Por supuesto, era algo que podía hacer fácilmente, pero debía tener cuidado, no podía desligarme del Tino Méndez de un día para otro. Si le copiaba la ruta me haría aniquilar sin pensarlo dos veces. Además esperaba la información que él me había prometido para poder llevar a cabo mi venganza. "Paciencia, Luis Restrepo, todo a su tiempo", me decía a mí mismo y volvía a meterme un pase.

Seguían pasando los días, se sucedían las consultas de Luciana y las peleas también. Para que dejara de pelear conmigo tuve que meterle mi pene en la boca a la muy puta. Al fin y al cabo, esa es la única razón por la que joden las mujeres: mientras las coges bien están contentas y se hacen las idiotas, pero si dejas de cogerlas, no hay infierno que se compare con ellas.

No me despegaba del teléfono ni de noche ni de día. Cada vez estaba más cerca el momento anhelado.

3

Un día, aproximadamente un mes después de nuestra última charla, mi teléfono comenzó a sonar. El teléfono no identificó al remitente y pensé que debía ser el Tino Méndez.

–Luis Restrepo, parcero, ¿cómo estás?

–Tino, qué sorpresa. Ya ve, llevándola…

–¿Todo tranquilo, entonces?

–Bueno, usted ya sabe, no puedo estar tranquilo mientras no resuelva esa cuestión.

–No se preocupe, yo le dije que le iba a acomodar a esos tigres en una jaula para volarlos a todos juntos.

–¿Hay novedades? Cuénteme…

–Le tengo todo listo, mijo.

–¿Se acabó la espera?

–La espera se acaba cuando usted los aniquile, pero ya le tengo todo preparado.

–Lo escucho, parce. ¿Qué vamos a hacer?

–No, mijo, yo en eso no me voy a meter. Eso es

entre usted y esa gente. Le cuento: uno de los primos de Cali irá a la finca de Capacho este fin de semana. Va a supervisar el negocio, ver cómo cierran las cuentas, examinar a los nuevos reclutas y todo eso. Y por supuesto ahí va a estar Jairo Montería. Eso es puro lomito para que usted haga su cacería.

—O sea que esa finca va a estar llena de armas.

—Yo le tiro el dato para que se vaya preparando. Nadie dijo que iba a ser fácil. Puedo conseguirle granadas si quiere. Todo sirve para reventar a esa escoria.

—¿Granadas? No me sirven. Yo quiero verle la cara al maldito que asesinó a mi hija… Quiero que me vea a los ojos y sepa quién lo mató.

—Bueno, eso ya es asunto suyo, Luis Restrepo.

—Así será. ¿Cuándo va a decirme dónde están?

—Oiga: le voy a mandar tres de mi parceritos en una camioneta. Ellos irán a echar plomo con usted. Uno de ellos es de Capacho, él sabe cómo llegar y los guiará.

—Pero, ¿por qué no me dices dónde es?

—Porque eso es en un hueco y ni yo sé cómo llegar. No crea que esos tipos se pasean con carteles para que todo el mundo los vea. Ya le dije que le voy a enviar a un man que lo guiará hasta allá.

—Está bien. ¿Cuándo vendrán sus hombres?

—La gente de Cali tiene una reunión el domingo.

Lo mejor será que usted los sorprenda el sábado por la madrugada. Mi gente llegará esa misma noche.

–Siempre me intriga de dónde sacas tanta información.

–No se afane, parcero, no se llega donde yo estoy en un par de días. Y recuerde lo que le voy a decir: el conocimiento es poder, pero no hay que quemar etapas porque sino las etapas lo van a quemar a usted.

–Vale, espero a su gente el sábado por la mañana.

–Cuente con eso, parcero.

–Gracias, Tino.

–No hay de qué, parcero.

4

Todo eso me olía a emboscada. No se llega a la cima de la pirámide siendo un estúpido y el Tino Méndez no era ningún imbécil, sabía muy bien lo que estaba haciendo: me había puesto contra las cuerdas. Luego de que asesiné a uno de sus peores enemigos me mandó a buscar, me consintió, me engolosinó, me abrió sus brazos, me hizo confiar en él, quiso que creyera que era uno de los suyos, para luego, en el momento más adecuado, tirarme el dato sobre los asesinos de mi hija y mi mujer y decirme que debía ir tal día a tal lugar, a tal hora y enfrentarlos. Por supuesto, él no iba a estar presente. A él no lo mancharía la sangre vertida, él estaría disfrutando en la comodidad de su casa burlándose de todo: de la guerra que provocó y de los enemigos que estaban por caer. "Si Luis Restrepo sobrevive, bienvenido sea", habrá pensado, "pero si llegase a morir, no será ninguna tragedia".

Estaba seguro de que esa era la verdadera la razón para que no me diese la dirección: no deseaba que el enfrentamiento ocurriese un día antes o un día después, ni siquiera a una hora que no fuese la que él estableció, para que estuviesen juntos todos los hombres que él necesitaba eliminar. A él no le interesaba el grado de dificultad de la misión, solo le importaba que todos sus contrincantes estuvieran congregados en un mismo sitio para recibir una bala en la frente que los eliminase del universo, para que él siguiera acumulando cada vez más riquezas.

Yo sabía muy bien que estaba jugando su juego, pero, ¿qué otras opciones me quedaban? Si quería vengarme, esa era la única forma de lograrlo. Incluso llegué a pensar que todo podía ser un reguero de pistas falsas: que esos tipos no habían matado a mi hija, sino el propio Tino Méndez, o el parásito de José Pasto. En algún mundo siniestro, las cosas pudieron haber ocurrido de esa forma. Además, era perfecto para sus planes de manipularme y usarme para enfrentar a sus enemigos. ¿Tendrían tanta sangre fría para eliminar de esa manera a una familia vulnerable?

No lo sabía. No podía saberlo. Bien mirado, todo era muy sospechoso. En este puto mundo no se puede confiar ni en una mosca, pero, más allá de cualquier sospecha, la única forma que tenía de averiguarlo era luchando. Cruzado de brazos en mi casa, drogado y cogiendo putas, definitivamente no iba a vengar las muertes de Clara y Erika.

La semana siguiente, el Mamaco y yo nos dedicamos a reclutar gente por los barrios. No fue difícil ofrecer a esos muertos de hambre una pistola y doscientos dólares a cambio de un día de trabajo Para ellos, es como un sueño, algo que jamás habrían imaginado. Sus vidas están a tal punto hundidas en la mierda que no cuestionan ponerlas en riesgo por miserables doscientos dólares. Así de triste y maldita es la existencia para los desfavorecidos y es por eso que la igualdad siempre será una jodida utopía. Ningún paraíso va a consolidarse jamás. Nunca seremos iguales mientras haya personas dispuestas a matar y morir por un par de centavos.

Reclutamos más de veinticinco malandros. Carajitos entre dieciséis y veinticinco años, emocionados por tener pistola propia, por ganarse doscientos piches dólares para llevar a sus novias al cine o comprarse una botella de ron en una discoteca. Eso era lo máximo a lo que podían aspirar: pensaban que cumpliendo sus sueños, aunque en realidad estaban comprando un boleto al infierno. Era una una especie de lotería sangrienta, pues más de la mitad sin duda perdería la vida en el combate. Los demás podrán ser unos estúpidos, pero yo no lo soy, yo sabía muy bien a qué me estaba enfrentando. Esta vez no se trataba solo de Costello y su cuerda de secuaces: esta vez un grupo de miserables se iba a enfrentar a todo un ejército de asesinos.

Durante toda esa semana intenté que mi rutina no variase demasiado. Pasaba las mañanas con Luciana, esforzándome por hacer las paces con ella para que mi próximo hijo, quien al fin y al cabo sería el heredero de toda esta mierda, pudiera nacer en paz y a salvo del estrés que yo causaba en mi nueva mujer. No quería que el ajetreo de mi vida causara lesiones al feto. Creo que si aquello hubiese llegado a suceder, yo mismo lo habría matado. Este mundo cruel no necesita otro enfermo mental. Por las tardes comenzaba a beber, consumía cocaína, e iba a las bases de reclutamiento con el Mamaco. Por las noches me veía con Esmeralda y ese era mi momento de paz, el ansiado reposo del guerrero, ya que despedía ese agobiado cuerpo de narcotraficante perseguido e ingresaba al del hombre mundano que paga por un poco de sexo para olvidarse de todos sus problemas. Al regresar a mi casa, de madrugada, no podía dormir. Por muy cansado que estuviese siempre me llegaban a la mente recuerdos de Clara, imágenes de Erika... Esas palabras que nunca escuché, esos besos y abrazos que nunca volvería a darle a mi hija. Tenía que dejar la cama, levantarme y acudir al alcohol. Me emborrachaba hasta que no sabía ni cuál era mi nombre. Era la única forma de poder dormir.

A medida que se acercaba el fin de semana empecé a sentirme más tranquilo: por alguna extraña razón, ir al campo de batalla no me generaba zozobra alguna, sino, al contrario, mucho placer, mucha tranquilidad. Demasiada paz, en realidad.

Sí, yo lo sabía, todo lo que necesitaba mi alma era venganza.

5

Llegó el día esperado. Durante la noche anterior, la ansiedad me impidió cerrar un ojo. Por la mañana, solo pude reanimarme a punta de cocaína, mucha maldita y desgraciada cocaína. Antes de salir, desayuné huevos revueltos con arepas de trigo y bebí un café bien cargado. Quería tener los ojos más vivos que nunca, mi cerebro lo más activo posible. Luciana no tenía ni puta idea de lo que estaba por ocurrir, solo le intrigaba que me hubiese despertado tan temprano y que no hubiese salido la noche anterior.

A media mañana empezó a llegar mi gente. El primero fue, por supuesto, el Mamaco, quien dormía en mi casa junto a Alirio. Luego llegó Begonio con un par de nuevos reclutas. Luego llegaron los antiguos, Yorkelman, etc. Ordené entonces que mi conductor fuese a los barrios a buscar a las nuevas plagas de este sistema social, mejor dicho, mis sicarios, y de a poco la casa se fue llenando.

—¿Quiénes son todas estas personas? —preguntó Luciana escandalizada.

—Son mis empleados —respondí secamente.

—¿Qué hacen todos aquí? ¿Por qué están en mi casa?

—¿Tu casa? Mujer, no me gusta cómo te expresas.

—Yo vivo aquí, Luis Restrepo. Contigo y con tu hijo, ¿lo recuerdas?

—El Mamaco también vive aquí y no por eso dice que esta es su casa.

—Dios mío, Luis. ¡Cómo puedes ser tan pedante y tan basura con tu hijo!

—A fin de cuentas, ni siquiera sé si es mi hijo mío o de alguien más —respondí rabioso.

—¡Cómo te atreves! Repite lo que acabas de decir.

—Ya me escuchaste: ni siquiera sé si es mi hijo.

—Me voy, Luis Restrepo. No quiero saber nada de esta casa —dijo ella con aire amenazante.

—Pues, lárgate, nadie te está deteniendo.

—No entiendo, Luis, ¿de verdad no te importa? ¿Ya has olvidado lo que le pasó a Erika y a Clara?

—A ellas no las menciones en esta casa —la corté, conteniéndome de golpearla.

—Pero…

—Más respeto, so puta.

–No puedo creer cómo me tratas.

–Entonces, aprende cuál es tu papel en esta casa.

–¿Y cuál es mi papel? –preguntó, con el mismo tono provocador.

–Eres una mujer y nada más. Tu papel es cocinar, limpiar, cuidar al niño y más nada.

–¿Más nada? O sea, que de pareja, ¿nada?

–Así es.

–Y luego te preguntas por qué Erika y Clara salieron de tu vida.

–¿Qué acabas de decir?

–Lo que escuchaste, Luis Restrepo. Ahora andas por los rincones lamentándote, porque no creas que no me di cuenta, pero cuando ellas vivían contigo no les prestabas la mínima atención. Y ahora quieres hacer lo mismo conmigo. Claro, cuando no me tenías en tu puño, todo era amor, pasión, vino y rosas. Así vives tu vida, Luis Restrepo, no conoces otra cosa: te gusta vivir anhelando lo que no tienes y cuando lo consigues lo deshechas como una porquería. Hasta con el dinero eres igual. Lo cierto es que nada te hace feliz. Nada. Solamente la cocaína. La puta droga es lo único que logra sacarte una sonrisa. Vives, pero en realidad estás muerto, Luis Restrepo. Pero no te preocupes, yo no te vuelvo molestar.

[…]

Dicho eso, Luciana dio media vuelta y abandonó la cocina, se perdió entre los pasillos y subió las escaleras. Sus últimas palabras me dejaron mudo, devastado, incapaz de reaccionar. ¿Tenía razón? Si no fuese así, ¿por qué me callé? ¿Por qué no reaccioné? Eres un imbécil, Luis Restrepo, eres un maldito imbécil y, sí, también eres un infeliz de mierda.

—¡Patroncito! —gritó el Mamaco—. Mire a quien tenemos aquí.

—¿Matamoros? Oliver, ¿eres tú?

[…]

—¿Qué mierdas haces tú aquí? Pensé que estabas muerto, hijo de puta. ¿Dónde estabas? ¿Cómo llegaste hasta aquí? —le dije a un Oliver Matamoros con el rostro desencajado, mientras el Mamaco lo apuntaba directo a la cabeza.

—Te lo explicaré todo —respondió- ¿Pero antes puedes decirle al Mamaco que deje de apuntarme? No puedo pensar bien si tengo una pistola en la sien.

—Mamaco, suelta al pobre hijo de puta. Déjalo que hable. Quiero escuchar su historia.

El Mamaco obedeció, pero se quedó al lado del sujeto.

—Gracias. Así estoy mejor —resopló.

—Ahora habla —le dije.

—¿Qué quieres que te cuente?

—¿Cómo? Todo, maldito, por supuesto. ¿Dónde estabas? ¿De quién era el puto cadáver que llegó a tu casa? ¿Por qué te perdiste así?

–Vayamos por pasos. En cuanto al cadáver, te voy a explicar: yo tenía contactos en todas partes, como bien lo sabes, pero luego del inconveniente con los morochos, pensé en desaparecer. La verdad es que tenía miedo de ti, miedo del Mamaco. Y al ver ahora su cara de perro, creo que no estaba del todo equivocado. Pero esa no fue la razón por la que desaparecí. Resulta que en una de las tantas fiestas a las que acudíamos, uno de los pendejitos que trabajaban para Costello, un pana de mi barrio, me dijo que el hijo de puta estaba planeando matarnos a los dos. Es decir, a ti y a mí. Por supuesto que me asusté, me asusté como nunca. Pensé en decírtelo, pero después de lo que había sucedido con los morochos, intuí que no confiarías en mí, así que callé y empecé a analizar cuales era mis opciones. Un par de días después, asustado, le conté todo a Sofía. Justo esa noche me llamó mi amigo advirtiéndome de que Costello había pedido nuestras cabezas y le pagaría mil dólares a quien se las llevase.

Claro, en esos días solo éramos unos pobres pendejos, no teníamos mucho valor, pero igual él se quería deshacer de nosotros. Mi amigo me recomendó que me escondiera, que me largara de aquí antes de que fuera tarde. Se lo comenté a Sofía y ella estuvo de acuerdo en marcharnos. Mis padres viven en Margarita, podíamos irnos, pero, ¿y si me buscaban allá también, qué iba a hacer? De casualidad, esa misma noche llegó a la residencia de Madame Sofía un maldito yonqui, un drogadicto de mierda hijo de papi y mami que se gastaba toda la plata de sus padres en putas y drogas. El carajo pidió tres mujeres, se encerró en una habitación y empezó a drogarse, hasta que de repente ¡plaf! quedó tieso de una sobredosis. Las mujeres empezaron a gritar, Sofía y yo subimos y preguntamos qué pasaba. "¡Ha muerto, ha muerto!", gritaban las putas. Yo me espanté, pero Sofía sonrió.

–Ya sé que vamos a hacer –me dijo.

–¿Qué vamos a hacer? –pregunté.

–Llama a tu amigo y dile que venga.

–¿A cuál amigo?

–Al que te llamó para decirte que te fueras, el que trabaja para Costello.

–¿Para qué?

–Dile que venga a verte. Vamos a desfigurar a este hijo de puta, le ponemos tu ropa, lo cortamos en pedazos y tú amigo le dirá a Costello que eres tú, que él mismo te ha matado. Tu amigo se queda con el crédito, la plata, y tú y yo nos escapamos.

–¿Crees que funcione?

–Por supuesto que sí –me dijo.

Oliver Matamoros temblaba y sudaba mientras contaba su aventura, pero daba la impresión de ser sincero, su cuento tenía coherencia a pesar de ser tan rocambolesco.

—¿Y entonces? —pregunté, intrigado.

—Eso fue exactamente lo que hicimos: llamamos a mi amigo, vino, desfiguramos al cabrón y él se lo entregó a Costello haciéndolo pasar por mí.

—¿Y Costello se tragó el cuento?

—Completamente. De hecho, creo que después les hicieron llegar el cadáver a ustedes.

—Sí, lo dejaron tirado frente a la casa.

—Bueno, y esa es la razón por la que desaparecí. Viví con mis padres un tiempo, pero se cansaron de que estuviera todo el día drogándome. Además, no se llevaban bien con Sofía. Y un buen día, me echaron a la calle. Nos quedamos sin dinero y decidimos volver. No nos quedaba otra opción.

—¿Y pensaste que yo te acogería como si nada?

—No lo sé, pero al menos quería aclarar las cosas contigo, para que no pensaras mal de mí, para que no nos encontráramos de casualidad y quisieras matarme.

—Está bien, Matamoros, te creo, porque eres un hijo de puta que siempre me ha caído bien. Llegas en el momento oportuno, ¿sabes?

—¿De verdad? ¿Por qué?

—¿No sabes nada de lo que ha ocurrido aquí?

—Nada, estaba desconectado de todo el mundo.

—¿Sabes que matamos a Costello?

—¡No! ¿Verdad?

—Sí, por supuesto.

—Con razón mi amigo no volvió a contestarme. Estará muerto, seguramente.

—Si estaba con Costello es lo más seguro. Pero hay algo más…

—¿Qué pasa?

—Los familiares de esos hijos de puta mataron a Erika y a Clara.

—Me estás jodiendo, ¿verdad?

—¿Te suena a chiste?

—No, lo siento, Luis, pero…

—Ahórrate tus pesares, hoy nos vamos a vengar de esos malditos.

—¿Cómo?

—Están ocultos en una finca en Capacho. Vamos a ir a matar a toda esa cuerda de desgraciados, y tú vendrás con nosotros.

—¿Cómo?

—Sí, quieres volver a entrar al grupo, tienes que venir hoy con nosotros.

—De acuerdo, está bien, pero necesito algo, algo por favor.

—¿Qué?

—Dame cocaína, Luis, me estoy volviendo loco.

—Está bien, y Matamoros…

—¿Sí?

—Recuerda que soy tu jefe.

—Lo siento, jefe.

6

A medida que avanzó la tarde, fueron llegando todos los voluntarios del terror. La casa se llenó de delincuentes de poca monta emocionados por sostener una pistola en las manos. A las tres de la tarde le escribí al Tino Méndez, puesto que sus colaboradores que supuestamente debían llegar a casa a eso de las once de la mañana, todavía no habían dado señales de vida.

Empecé a preocuparme. Tenía a un grupo de malandros metidos en mi casa esperando indicaciones para salir a matar y todavía no sabía dónde sería la matanza. Los minutos pasaban lentamente y los imbéciles que debían dirigirnos no aparecían. De pronto mi teléfono comenzó a vibrar, se trataba nuevamente de un remitente desconocido.

—¿Aló?

–Parcero, ¿me escucha?

–¿Quién habla?

–Tino Méndez, pues.

–Tino, hermano, estoy esperando a su gente.

–Sí, lo llamaba por eso. Tuvimos un pequeño percance en la frontera, con la guardia nacional, pero igual los manes que le prometí ya van en camino. Como tarde, deberán estar en su casa en treinta minutos. No se preocupe, todo va de acuerdo con lo planeado.

–De acuerdo, gracias.

–Restrepo…

–Dígame…

–Manténganme al tanto de lo que suceda.

–Apenas concluyamos la operación me pondré en contacto con usted.

–¿A qué hora tiene pensado ir?

–Pensé que lo mejor sería llegar a las tres de la madrugada. Esos cabrones estarán dormidos o borrachos.

–Me parece muy bien. Yo habría hecho lo mismo.

–Ya le aviso, parcero, que esté bien.

–Cuídese.

–Lo haré.

Un poco más tranquilo tras hablar con el Tino Méndez, me senté a almorzar. Llevaba horas sin probar nada y en jornadas como las que íbamos a tener esa noche, era esencial estar bien alimentado. Comí pollo a la plancha, arroz, granos y maduro. El Mamaco y Alirio almorzaron conmigo, los otros pedazos de mierda nos observaban en silencio, relamiéndose.

–Oiga, patrón, hay que darle comida a estos manes, sino de aquí a la noche se desmayan –dijo el Mamaco.

–¿Estos hijos de puta no son capaces de comprarse algo de comer?

–Patroncito, son puros muertos de hambre… No tenían ni para el pasaje. ¡Qué van a tener para comer!

–De acuerdo, llama al Begonio.

–Ya se lo llamo, patrón.

Maldita piltrafa humana, eso es lo que son. Toneladas de porquería, seres humanos inservibles que si llegaban a morir esa noche junto a los otros malandros le estarían haciendo un favor a la humanidad.

–¿Me necesita, patrón? –preguntó el Begonio.

–Agarre este dinero y vaya y le compra almuerzo a todas esas basuras. Traiga pollo en brasa… Unos diez pollos. Y los trae.

–Sí, señor.

–Que Yorkelman lo acompañe.

Cuando terminé de almorzar, subí a la habitación y me tiré en la cama. Era importante que hiciera una buena siesta, pero luego recordé que los manes enviados por el Tino Méndez estaban en camino, así que me puse en pie nuevamente y le entregué mi teléfono al Mamaco.

—Mamaco, la gente del Tino Méndez debe estar por llegar, estoy cansado y voy a dormir un rato. Esté pendiente del teléfono por si llaman preguntando por la dirección. Los recibe y, si me necesita, echa un grito.

—Entendido, jefe.

—No me vaya a molestar por estupideces, quiero estar bien descansado para esta noche.

—Sí, patroncito, como usted diga.

Volví a subir al cuarto y me desplomé sobre la cama. Curiosamente, mi cerebro se apagó al instante. ¿Por qué no podré dormir por las noches como lo hago por las tardes?

[...]

Al despertar, mi ventana ya no reflejaba los rayos del sol, la oscuridad empezaba a apoderarse de la ciudad y, con ella, obviamente vendría la oleada de muertes que coronarían mi venganza. Fui al baño, me lavé la cara con agua fría, me soplé la nariz y vi que salía un poco de sangre, nada inusual cuando una persona acostumbra a meterse cosas tóxicas por la nariz.

Salí de la habitación y bajé las escaleras para encontrarme con ese montón de rostros desconocidos en mi hogar. Entre el mar de gente empecé a buscar a mis cercanos, hasta que vi a Matamoros.

–¿Te vas integrando? –pregunté.

–Aquí, conociendo a los nuevos –dijo él, sin mucho aspaviento.

–Yo también estoy en eso. ¿Dónde está el Mamaco?

–Está en el patio fumando con el Begonio.

–Quédate aquí al pendiente. Nunca se sabe qué puede pasar con estos delincuentes.

–Como usted diga, señor.

Salí en busca del Mamaco. Era cierto, estaba junto a Begonio, fumaban cigarrillos y tenían tragos en la mano.

–No te estarás emborrachando, ¿no? –pregunté, mirando al Mamaco.

–Es solo un traguito para la sed, patrón. Nada más.

–Suenas como si ya estuvieras borracho.

–Patrón, usted sabe que yo con alcohol o sin alcohol soy lo mismo.

–Necesito puntería esta noche, cabrón, no borrachera.

–Pero, jefe…

–Lárgate a dormir ahora mismo, sube a mi cuarto y descansa.

–Patrón…

–No hay nada más que hablar. A las diez de la noche te quiero como nuevo. Saldremos de madrugada y te necesito bien descansado.

–De acuerdo, termino el cigarrillo y subo.

–¿Y tú, Begonio?

–Este es mi primero, patrón.

–Y el último –sentencié con firmeza.

–Como usted diga, señor.

Volví a entrar a la casa y exigí que todos estos tipos que no conocía se presentaran uno por uno: Alejo, Jimmy, John, Lulo, Peter, Graciano, Juan de Dios, Bermejo, Cacute, Armenio, Dionisio, Paco, Mirlo, Trompo, Félix y otros nombres que ya no recuerdo atronaron en mis oídos: todos eran iguales, flacos, bajos, caras de rufianes de poca monta, pelo al ras, tatuajes horrendos y ropas anchas. Cualquiera de ellos podía morir más tarde esa misma noche y yo no advertiría la diferencia.

Repentinamente recordé a Luciana. "¡Mierda! ¡Luciana! ¿Qué habrá hecho?", me pregunté. Volví a salir una vez más y me dirigí al Begonio.

–¿Qué sabes de Luciana?

–Alirio la ha dejado en casa de su madre, jefe.

–¿Estás seguro?

–Totalmente seguro, no tiene nada que temer.

–De acuerdo –respondí aliviado.

–¿A qué hora partiremos?

–No vayas a decirle nada a nadie, pero saldremos a las dos de la madrugada.

–Sí, señor.

–¿Y toda esta cuerda de miserables? ¿Comieron?

–Les trajimos lo que usted ordenó y se lo

comieron todo.

–Gracias, Begonio.

–Para servirle.

[...]

Al llegar la medianoche, todos los hombres estaban impacientes. El Mamaco ya había despertado y le di dos líneas de cocaína para que entrara en calor. Hice lo lo mismo hice con cada uno de los voluntarios: vacié cien gramos sobre una mesa y ordené que formaran una fila para todos se metieran una buena línea. Quería que estuviesen lo más engorilados posible, que se creyeran dueños del universo, invencibles, que no pensaran que una bala podría acabar con ellos. Después de todo, eran unos simples malditos sin experiencia, pero los necesitaba para marcar presencia. Mientras menos piltrafas sobrevivieran, menos gasto para mí.

Para trasladar a toda esa muchedumbre al lugar de los hechos, llenamos mis tres vehículos y la camioneta que trajeron los manes del Tino Méndez. Yo me monté a la camioneta blindada, seguido por el Begonio, Alirio, el Mamaco y el desgraciado de Matamoros. Por alguna extraña razón me sentía bien al tenerlo cerca una vez más. Y sin embargo, mis piernas temblaban… Sí, sentía miedo, pavor, pero no de morir, sino de no poder concretar mi venganza. La única manera de controlar esas sensaciones era con droga. Cargué mi nariz al máximo hasta que pude controlar esos pensamientos estúpidos. Cuando de pronto sentí que podía matarlos a todos yo solo y con mis propias manos, entendí que ya estaba bien.

—No pierdas de vista a los hombres de Tino Méndez, Begonio. Pégate a ellos.

Y así, sin pensarlo mucho, íbamos camino a la batalla más grande de todas, a enfrentarnos a uno de los grupos armados más grandes de Colombia. Yo llevaba dos pistolas en la cintura, municiones y armas automáticas en el maletero. Comencé a pensar en retrospectiva… Me costaba imaginar que hasta hace menos de un par de años todavía estaba rogándole a Costello para que me regalara un poco de cocaína, y de repente estaba subido en una camioneta blindada para enfrentarme a los traquetos más grandes de Cali. ¿Cómo había cambiado tanto mi vida en tan poco tiempo? Por más que intentaba racionalizarlo, no lo podía comprender.

Subimos por el Mirador y en cuestión de segundos llegamos a Zorca. El destino se acercaba inexorablemente. Llegamos a Capacho, atravesamos la plaza principal, cruzamos a la izquierda y comenzamos a subir la montaña. Más tarde entramos a un páramo lleno de fincas y luego me perdí en el camino oscuro, iluminado tan solo por las luces de la camioneta de la gente del Tino. Observé el reloj. Eran las 2:43 de la madrugada.

–¿Cómo estamos de tiempo, patrón? –dijo el Mamaco, rompiendo el silencio gélido.

–Excelente, es una gran hora para vivir o morir – le respondí, con tono falso de broma.

–No importa, igual vamos a volarles los sesos a todos esas plastas de mierda.

Poco a poco comenzamos a disminuir la velocidad hasta que cruzamos una cerca que dejaron abierta los del primer vehículo. La camioneta se detuvo a un costado, uno de los hombres del Tino Méndez bajó, se acercó a nosotros y golpeó la ventana.

–¿Es aquí? –pregunté, tragando saliva.

–Estamos a ciento cincuenta metros. Lo mejor es quedarnos aquí para no llamar la atención.

–De acuerdo.

Bajamos de la camioneta e hicimos señas a los demás vehículos para que estacionaran. El sujeto enviado por el Tino Méndez volvió a acercarse.

–Tengo un regalo para usted, antes de ingresar – me dijo.

–¿Qué está pasando aquí? –pregunté, intrigado y receloso.

–El Tino Méndez me pidió que le mostrara esto.

Sacó su celular y en la pantalla pude ver la cara de un hombre al que yo no conocía.

–Ese es Jairo Montería, el perro que mató a su hija, Restrepo.

Me quedé petrificado por un par de minutos, viendo el teléfono. Me tatué ese rostro en la mente. Lo estudié con detenimiento, tratando de comprender que aquella cosa hubiese sido capaz de quitarle la vida a mi hija. Tomé el teléfono del hombre del Tino Méndez y me dirigí a mis hombres.

–Óiganme bien: a este tipo, llamado Jairo Montería, lo quiero vivo, le pueden disparar para inmovilizarlo, pero no lo maten. Ese hijo de puta es mío, ¿entendido?

Todos me miraron en silencio dando a entender que respetarían la orden.

–¿Cuándo vamos a entrar? –preguntó el Mamaco-. Quiero verles las caras a esos perros de una vez.

–Para ya es tarde –respondí–. Nos vamos a dividir en cinco grupos: el primero irá por delante y estará comandado por el Lulo; el segundo y tercero caerán por los costados: uno lo comandará Juan de Dios y el otro Cacute. El cuarto irá por detrás, verificando que no haya animales o guardias en la retaguardia. Si algo se mueve, disparan. Sigan al Trompo. ¿Entendido?

Todos los hombres asintieron con la cabeza.

–¿Y nosotros, patrón? –preguntó el Mamaco.

–Nosotros entramos al final. Hay muchos hombres en ese lugar. Esto no será tan fácil como lo de Costello.

Todos cogieron sus armas y se dirigieron hacia la casa. Nosotros también nos armamos y empezamos a acercarnos con cautela, siguiendo los avances del primer grupo.

—¿Están todos bien? —pregunté—. Matamoros, ¿cuánto tiempo hace que no disparas un arma?

—Tranquilo, patrón, estoy bien. Uno nunca se olvida de esto.

Conmigo estaban el Mamaco, Alirio, Begonio, Matamoros y los tres hombres del Tino Méndez, cuyos nombres no recordaba.

—Si voy a morir hoy necesito saber el nombre de quienes están a mi lado —dije mirándolos.

—Yo soy Santiago, él es Octavio, y aquel es Mario.

—Bien, vamos a reventar a esos cabrones.

Sonó la primera bala. Una ventana se quebró, dos disparos salieron de adentro de la casa, se oían gritos a todo volumen. Las luces de la casa se encendieron, unos perros comenzaron a ladrar, tres hombres salieron por la puerta principal y fueron inmediatamente neutralizados. Las balas empezaron a llover desde adentro y dos de nuestros hombres cayeron heridos al suelo. El intercambio de balas se realizaba a través de las ventanas. De pronto, una granada estalló a escasos centímetros de la casa llevándose a tres más de los nuestros.

—¡Vamos, vamos! —grité-. A reventar a esos hijos de puta.

Salimos corriendo al encuentro de las balas. El Mamaco me cubría. De pronto un grupo de varios hombres salió de la casa y el enfrentamiento fue casi frente a frente.

—¡Adentro todos! –grité.

El grupo llegó por la puerta trasera y penetró a la casa. Afuera quedaban la sangre, los disparos, el terror… Unas mujeres salieron corriendo. Dos de ellas murieron en el camino, las otras se perdieron entre los árboles. El intercambio de balas dejó bajas en ambos bandos. El Mamaco se perdió en la balacera y fue entonces que descubrí que estaba solo. Sin pensarlo, corrí hacia el centro de la acción. Si iba a morir, lo haría con las botas puestas.

Avisté a uno de los desgraciados detrás de un árbol cargando su arma. Le disparé. Cayó al suelo. Y cuando me acerqué a quitarle el arma, descubrí que era uno de mis hombres.

—¡Mierda! –grité.

Estaba muy oscuro, las balas rodaban por todas partes, al igual que los gritos y los insultos. Agazapado, logré llegar hasta un costado de la casa, observé por la ventana y vi un montón de cadáveres. Por el frente seguía la balacera. Pesqué a dos cabrones por detrás y me los bajé de un tiro en la cabeza. Luego entré a la casa, seguido por el leal Mamaco.

—Adentro, patrón. Allá arriba deben estar los

cabecillas.

Nos topamos con dos de los hombres del Tino Méndez, Santiago y Mario, y subimos los cuatro en grupo, cubriéndonos las espaldas. Santiago recibió un disparo en la frente y al instante Mario mató al que le disparó a su amigo. Mi sangre hervía, me movía como si fuese un personaje de videojuego, mataba y avanzaba en busca del próximo nivel. Rompimos una puerta e ingresamos a una enorme habitación con las luces apagadas. Los disparos empezaron al instante. La luz se encendió y vi al Mamaco tirado en el suelo, sangrando. Una sombra furtiva se escondió detrás de un armario, disparé, el tipo cayó al suelo. Al mismo tiempo, una bala perdida casi me dio en el hombro. Al girar, descubrí que el hijo de puta que me disparaba no era otro que Jairo Montería. Me escondí detrás de una pared saboreando el momento.

–¡Jairo! –grité con voz serena.

–¿Quién eres? –preguntó el perro.

–Mataste a mi hija y a mi mujer, maldito cabrón.

–¿Quién eres? –repitió.

–¿Ni siquiera sabes mi nombre? ¿No tienes idea de quiénes eran los que mataste?

–Cállate, pedazo de mierda. Los voy a volar a todos.

–Vas a sufrir perro inmundo. Vas a pagar.

–¡Ya sé! ¡Tú eres el pendejo que dejó a su mujer

sola! Nos la cogimos entre todos antes de matarla, ¿sabías?

La ira me invadió. Pensé en salir de mi escondite y avanzar de frente para volarle los sesos. No me importaba lo que ocurriera. Sonaron dos disparos

—¿Quién está ahí?

—Todo listo, patrón, ya me bajé a esa escoria —era la voz de Mario.

—¿Qué? ¿De qué estás hablando?

—¡Ya maté al perro que quedaba!

Salí de mi escondite. Avancé unos pasos y vi el cadáver de Jairo Montería en el suelo.

—¿Qué has hecho? —exclamé, aturdido.

—Lo cogí por la espalda, maldito sucio.

Apoyé mi pistola en la frente de Mario y le descargué tres balas.

—Era mío, hijo de puta. Me negaste mi venganza —le grité a su cadáver.

—Patrón, ayuda, por favor —susurró el Mamaco desde el suelo.

Giré y lo vi tirado, con dos heridas de bala en el estómago. Sangraba como un cerdo desollado. Bajé corriendo a buscar ayuda. Había cadáveres por todas partes. Entre ellos, vi a Matamoros todavía sosteniendo una pistola en la mano. La voz de Begonio me sacó de mi confusión.

—Patrón, creo que ya no queda ninguno.

—¿Dónde está Alirio?

—Está afuera. Está bien. Ese man es un duro de

verdad.

–Rápido, dame las llaves de la camioneta. Y sube a buscar al Mamaco. Está herido, debemos llevarlo a un hospital.

–¡Mierda! Ahora mismo, señor.

7

Fuimos a la ciudad a toda velocidad. Dejamos al Mamaco en una clínica y corrimos a refugiarnos a mi casa. Tanta muerte me había dejado aturdido. Me sentía como un estúpido porque no había podido vengarme, porque habíamos matado a un grupo de gente a la que ni siquiera conocía para eliminar a un solo hombre. Es más, yo no sabía quiénes eran ellos realmente. De seguro eran miembros del cartel de Cali y el Tino Méndez estaría contento con el resultado, pero yo no había conseguido nada. No había visto sufrir al desgraciado de Jairo Montería y lo que es peor sentía que no había conseguido vengarme, que tan solo había propiciado la muerte de unos treinta o cuarenta sujetos.

Un par de horas más tarde, llegaron algunos de los sobrevivientes a mi casa. Tomando en cuenta la cantidad de muertos de nuestro bando, y de que solo sobrevivieron once, les di quinientos dólares a cada uno, pedí taxis y les ordené que se largaran.

Empecé a llamar desesperadamente a Luciana y al ver que no me contestaba, subí a la habitación y empecé a armar líneas enormes de cocaína, como nunca lo había hecho.

Eran las cinco con cuarenta y ocho minutos de la madrugada…

8

Desperté rodeado de luces blancas. Llevaba una bata de hospital. ¿Qué estaba pasando? ¿Estaba en un hospital? Luciana estaba a mi lado.

—¡Luis! ¿Luis? ¿Estás bien? ¿Cómo te sientes?

—¿Qué pasó? ¿Dónde estoy?

—Tuviste una sobredosis. Casi te mueres Luis. ¿Estás loco? Estamos esperando un hijo, ¿cómo vas a hacerme esto?

—Lo siento… No estoy muerto, ¿de verdad?

—No, no has muerto. Vas a estar bien. Pero, ¿qué mierda te pasa?

—¿Dónde están los demás?

—No sé nada de nadie. Te trajo el Begonio. Él me avisó y fue a buscarme a casa.

—Me siento mal.

—Por supuesto que te sientes mal. Si no te moriste de mierda, Luis, de pura mierda.

Sentí ganas de vomitar, de repente todo se nubló. No vi nada más. Dejé de escuchar la voz de Luciana. Mi cerebro era invadido por imágenes de sangre y matanza. Vi al pobre y miserable Matamoros, ahora podía asegurar que estaba muerto. ¡Mierda! ¿Qué había hecho con mi vida?

[…]

Me administraron sueros y medicamentos por una vía. Me recuperaba lentamente. Todo parecía ir bien, pero mi ánimo era una mierda. Quizás hubiese sido mejor que muriera. No pude vengar a mi hija y aunque todos esos perros murieron como la basura que eran, no sufrieron lo suficiente. Y yo seguía ahí, sufriendo, y seguiría así porque nada podría quitarme el dolor. A ellos se los acabará llevando el olvido, sufrirán sus familias, sus asquerosas familias, pero no sabrán que el responsable de todo fui yo. No sabrán de mi venganza, no sabrán ni mi nombre… Y ni siquiera pude gozar del lujo de darles la estocada final. El suero surcaba mis venas y yo me sentía débil y pensaba que debería haber muerto… No entendía por qué seguía vivo… ¿Me habría convertido en un hombre invencible?

[…]

En mi cuarto día de estadía en la clínica me sentí con más fuerzas, cuando llegó el Begonio a la habitación con una indisimulable cara de espanto.

—¿Cómo sigue, jefe? —dijo, con voz temerosa.

—Creo que bien, ¿por qué traes esa cara?

—El Mamaco sigue sin reaccionar.

—¿Qué quieres decir?

—No sé, jefe. Los médicos no quieren decir nada. Lo salvaron de mierda, nomás. Ese puto man debería estar muerto, dicen, pero está sujetándose a la vida con las uñas. Nadie entiende cómo puede resistir.

—¿Qué le pasó?

—Le volvieron mierda el hígado al parecer, o los riñones, yo ni sé. Soy un bruto, patrón, usted lo sabe. Yo de medicina no sé un carajo, pero se le dañó un órgano y tienen que hacerle un trasplante.

—Que se lo hagan. Yo pagaré todo, Begonio. Da la orden.

—El problema no es el dinero.

—¿Entonces?

—Bueno sí, también, pero el problema es otro…

—Ya te dije, yo pago, que no se preocupen por eso.

—Hay que buscar un donante, o el órgano que se necesita.

—Soborna a quien tengas que sobornar. Pero que le consigan esa verga.

—Y usted, patrón, ¿cómo va?

—A mí no me pasó una mierda. Me pasé de revoluciones con la droga y ya, eso es todo. Supongo que esta semana me darán de alta. Y si no, igual me largo de esta pocilga.

—Estaré pendiente, señor.

—¿Y Alirio? ¿Le pasó algo a él también?

—Él y yo estamos bien. ¿No recuerda acaso? Volvimos a su casa y luego…

—Sí, tienes razón. ¿No ha habido peos con los reclutas?

—No, cada uno cogió su dinero y ya está.

—Perfecto, por estos días hay que estar tranquilos, dispuestos a recuperarnos. Ocúpense de vigilar la casa, la mercancía. Y, por supuesto, no me dejen solo.

—Tranquilo, señor, para eso estamos Alirio y yo.

—Y encárgate del asunto del Mamaco, por favor.

—Por supuesto.

—Una cosa más, Begonio

—Diga, patrón.

—Llama a mi mujer. Dile que quiero verla.

—Ahora mismo, patrón.

[…]

Cuando Luciana ingresó a la habitación, llevaba un vestido blanco y me sorprendió ver que su panza estaba más grande que nunca. ¿Cuánto faltaba para el nacimiento de mi hijo? No llevaba la cuenta del embarazo de Luciana.

—¿Me mandaste a llamar? —preguntó, con gesto de agobio.

—Sí, por supuesto.

—¿Qué sucede?

–Quiero irme de aquí, estoy harto de estar metido en esta mierda de clínica.

–Debes esperar a que te den de alta.

–Que se jodan esos hijos de puta, que me den de alta ya. Tengo muchas cosas por hacer.

–No, Luis, no tienes nada que hacer, solo descansar y esperar que tu cuerpo se recupere.

–Ya estoy bien, mi cuerpo no necesita más reposo.

–No es cierto, ¿me puedes explicar lo que sucedió?

–Te lo diré luego, cuando salga de esta puta cama. ¿Cuánto llevas de embarazo?

–¿Es que no sabes ni eso? –replicó sorprendida.

–No llevo la cuenta de nada.

–De nada, excepto tu dinero.

–Son cosas diferentes.

–¿Por qué te interesa saber?

–Es mi hijo, tengo derecho a saberlo, ¿no?

–¿Ahora sí es tu hijo?

–¿Acaso no es verdad? –repliqué, haciéndome el tonto.

–Eso no fue lo que diste a entender la última vez que hablamos.

–Estaba irritado.

–El hecho de estar irritado no te da derecho a tratarme mal.

–Lo siento.

–¿Lo sientes?, ¿de verdad?

–Sí, lo siento.

–Bueno, eso es un progreso bastante grande.

–¿Entonces?

–Voy para los seis meses. ¿Te vas a cuidar, o vas a dejarte morir antes de que nazca tu hijo?

–No te preocupes, ya no tomaré más riesgos.

–¿Seguro, Luis Restrepo?

–Totalmente seguro.

–¿Me explicarás que sucedió?

–Por supuesto, cuando volvamos a casa. Ahora ve y llama a ese puto médico. Quiero largarme de aquí.

[...]

A pesar de las advertencias de los médicos, dejé esa mugrienta cama de hospital y tomé mis cosas para irme de allí. Luciana no se encontraba muy contenta con la situación, pero yo no pretendía seguir enclaustrado y agobiado por unas malditas enfermeras pendientes de las reacciones de mi cuerpo. El Mamaco estaba recluido en uno de los hospitales públicos, los únicos sitios donde una persona puede llegar con disparos en el cuerpo y nadie pregunta ni dice nada. Después de todo, ver a un hombre baleado es de lo más común en esos lugares. Al salir de la clínica, el Begonio nos llevó a mi casa. Quería bañarme y cambiarme de ropa, para luego ir a ver al Mamaco sin perder más tiempo. Al llegar a ese inmundo hospital, una enfermera horrible y con arrugas nos condujo a la habitación donde mi mano derecha era sometido a cuidados intensivos.

–Tiene suerte de estar vivo. ¿Es un familiar? –preguntó la bruja.

–Es mi primo –mentí sin que se me mueva un pelo.

–Los doctores dieron la orden de conseguirle un trasplante urgente. Ese muchacho tiene mucha suerte.

–Espero que siga teniéndola.

Ingresamos a la habitación y vimos al Mamaco tirado en la cama. Tan pronto escuchó nuestras voces, abrió los ojos haciendo un gran esfuerzo. Me acerqué a su lado y le tomé la mano.

–¿Cómo estás? –fue todo lo que se me ocurrió decirle.

Asintió con los ojos.

–Ya mandé a que te buscaran un donante para el trasplante. Buscaremos hasta en el mercado negro. Lo conseguiremos aunque haya que asesinar a alguien.

Volvió a asentir, e intentó sonreír.

–Saldrás de esta y serás más rico de lo que nunca imaginaste.

Asintió de nuevo. Comenté un par de cosas, vi que se dormía, solté su mano y salí de la habitación.

–¿Todo listo? –preguntó el Begonio.

–Vámonos de aquí, estoy harto de las clínicas, de

las enfermeras y hasta de los malditos enfermos. Quiero irme a casa, necesito descansar lejos de tanta mierda.

9

Poco a poco, mi cuerpo se fue restableciendo y unos días después de mi visita el Mamaco fue operado con éxito. El hijo de puta salvó la vida. Lo trajeron a casa semanas más tarde y le pusimos una enfermera privada para que lo cuidase durante el periodo de reposo. Fueron semanas aburridas, de total inactividad, hasta que me llamó José Pasto.

Llevaba meses sin hablar con él. Aparentemente, él solo quería saludar. Charlamos un buen rato, aunque yo nunca me fié del hijo de puta ese. También conversé con el Tino Méndez. Por supuesto, él estaba muy contento de que hubiese eliminado a parte de su competencia directa. Él creía que yo era un ingenuo, que me tragaba sus cuentos, pero yo sabía que me estaba usando. Pero él ignoraba que yo solo me hacía el pendejo hasta que en determinado momento tuviera la oportunidad de darle una cachetada y cogerme todo su puto dinero. Al fin y al cabo, ya estaba harto de este maldito y desgraciado país, lleno de corruptos, putas, y ladrones, por más que siempre he sido consciente de ser parte del jodido sistema que nos había convertido en esto.

No se lo había dicho a nadie, ni siquiera a Luciana, pero quería largarme de esta mierda de país. Tomar todos mis ahorros e irme a otra parte, donde nadie supiera nada de mí: Japón, Australia, Finlandia, Turquía, Suiza, Alemania, Bélgica, Costa Rica, Egipto, Canadá… Cualquier lugar donde pudiera guardar mi puto dinero y vivir con comodidad. Por supuesto, en ese futuro estaban incluidos Luciana y mi próximo hijo, pero ese no era tema de discusión. Era algo en lo que simplemente había que actuar. Solo esperaba a dar un próximo golpe que me asegurara la dote por lo que me restase de vida.

El tráfico interno seguía moviéndose a buen ritmo, pero la confianza del Tino Méndez hacia mí se había resentido. Con todo, seguía enviándome sin rechistar todo lo que le pidiese. Así empecé a mandar camiones hacia todo el país: Mérida, Barinas, Barquisimeto, Maracaibo, Valencia, Margarita, Caracas, Puerto Ordaz… Todos y cada uno de los malditos y sucios rincones de este país fueron invadidos con mis cargamentos de droga. Empecé a producir tanto billete que ya no sabía qué hacer con él. No tenía la menor idea de cuánto había acumulado. Y si mis esbirros me robaban, tampoco lo sabía. Por supuesto, el tráfico interno era apenas una pequeña parte de los grandes negocios: la exportación seguía siendo la mina de oro, por más que debido a mis problemas de salud no pudiese participar personalmente en todas las operaciones. El Tino Méndez me tenía bien presente para la próxima operación grande, la ruta estaba totalmente asegurada, no había nada que temer, conocía el procedimiento a la perfección, las vías, los contactos, el modus operandi…Nada podía salir mal.

[…]

Íbamos a exportar cuatro toneladas y media de cocaína. Según conversé con el Tino Méndez, sería una de sus exportaciones más grandes. Intenté calcular cuánto dinero significaría todo aquello y no lo pude precisar. Los números eran demasiado grandes para mi cabeza. Me bastaba saber que con esa carga podría largarme de este puto país para siempre. No tenía la menor duda: me iría para nunca volver. Nadie volvería a saber de mí. No me quedaba nada en esta asquerosa ciudad.

Empecé a soñar con esa cantidad de dinero día y noche, como un poseso. Luciana me preguntaba qué me pasaba y volvía de nuevo a la realidad. Le decía que no era nada, que solo estaba distraído, pero no, no era cierto: no paraba de pensar, ansiaba que sonara el teléfono y escuchar del otro lado al Tino Méndez diciéndome que la carga estaba lista, que debía marchar a Maracaibo para supervisar la misión.

¿Sería cierto? ¿Podría pasar algo así? Al regresar con el dinero, tendría que eliminar a los escoltas y desaparecer de la faz de la tierra. ¿Qué pasaría con el Begonio, Alirio y los demás? En el caso de que el Mamaco estuviese restablecido, ¿lo llevaría conmigo? ¿Les daría una parte? ¿Lograría engañarlos? No lo sabía. Había que pensar en todos los detalles. Y estaba tan obsesionado con ese futuro idílico que la cabeza me dolía horriblemente.

Luciana no paraba de hablar y me impedía concentrarme como deseaba. Volví a caer en el vicio de los cigarrillos. Y como me resultaba extremadamente difícil dejar por completo la cocaína, reduje su uso al mínimo. Seguía consumiendo a diario una dosis suficiente para no enloquecer. Estaba hundido en la mierda, sí, ¿pero alguna vez no lo estuve? ¿Qué persona cuerda se mete en este negocio y no se siente estancado en plena mierda? Yo podía salir, sabía que mi historia podía ser diferente, no tenía porque ser uno de aquellos que se quedan estancados en el sistema hasta que una bala les quita la vida. Yo me largaría, abandonaría toda esta porquería e iniciaría una nueva vida, lejos de traquetos, asesinos, armas, drogas, putas, narcotraficantes y delincuentes... Me olvidaría de todo, hasta de mi nombre, de mi país, de mi historia, de mi hija fallecida, de la mujer que me quitaron e incluso de la venganza que no concreté...

¿Sería capaz de lograrlo? ¿Me concedería a mí mismo la oportunidad de comenzar de cero?

10

La barriga de Luciana crecía cada vez que la veía: estaba más redonda, más brillante, más agobiante. Al mes y medio de rehabilitación, el Mamaco comenzó a valerse por sí mismo y decidió despedir a la enfermera. Por supuesto, no tenía ese ánimo, esa ambición de antes, pero se veía sereno, concentrado en la vida. Había tenido una oportunidad que muy pocos delincuentes gozan: la de volver a nacer.

Por esos días, los nuevos reclutas prácticamente se encargaban de todas las labores. Yo solo me sentaba en la mesa a dictarle órdenes al Begonio y Alirio, y a hacer cuentas que se me escapaban de las manos.

Nada importaba. Vivíamos en un mar de abundancia. Compré una camioneta nueva, que no necesitaba, solo por gastar el dinero, y la puse a nombre de Luciana. Y eso bastó para que ella sintiese que empezaba a quererla otra vez. Compré otro auto y se lo regalé a Esmeralda. Un pequeño dos puertas que para esa mujer era todo un paraíso y a cambio me dejaba coger gratis, a ella y a todas las mujeres de la residencia que quisiera, cuando se me antojara. Así pasaba los días: esperando a que me dieran ganas de fornicar, para ir a saciarme en esa residencia de mala muerte.

Cada vez llegaban a casa nuevos negocios, nuevas propuestas. Teníamos tanta droga que no podíamos despacharla. Llenamos el apartamento y un galpón con mercancía pura. ¿Cómo carajos hizo Pablo Escobar para manejar un imperio tan grande? El mío, diminuto en comparación con el de cualquier capo colombiano, ya no sabía cómo manejarlo.

Lo más curioso y paradójico es que paulatinamente fui perdiendo interés en la vida. A menudo pensaba en suicidarme, pero luego comprendía que era un afortunado: millones de hombres hubiesen querido tener mi dinero, las mujeres que me cogía, mis carros, mis lujos… ¿Por qué iba a querer matarme?

Estaba convencido de que solo necesitaba unas vacaciones: Habían pasado muchas cosas desde mi último viaje a la playa con Luciana, y desde entonces no me había tomado un solo día de descanso. Estuve dos veces a punto de morir, me restablecí y volví a los negocios. La mente me decía que no estaba listo para la muerte, que por algo mi cuerpo no se terminaba de apagar. Me quedaban cosas por hacer, eso estaba totalmente claro.

Un domingo por la noche salí a cenar con el Mamaco. El desgraciado llevaba varios meses sin pisar la calle. Estaba deprimido y pensé que aquello podía levantarle el ánimo. Fuimos a un restaurante de carnes. Al salir, les pedí al Begonio y Alirio que estuvieran pendientes, ya que en estos tiempos uno nunca sabe cuando puede sufrir un atentado.

Comimos tiras de res. El Mamaco me dijo que estaba harto de estar encerrado, que ese no era su mundo, extrañaba el peligro, el riesgo, las pistolas, las amenazas, la pelea, y yo le dije que no se preocupara, pues pronto estaría de vuelta en plena acción.

—Necesito un pase, quiero cocaína —me dijo.

—No lo creo adecuado, Mamaco. Tu cuerpo está muy débil.

—Lo necesito, jefe.

—Mejor no tomar riesgos. Hay otra cosa que también puede levantarte el ánimo. Vamos.

—¿Y la cuenta?

—Yo me encargo. Espérame en la camioneta.

Fui a pagar a la cuenta y salí del restaurante. Subí

a la camioneta y le dije al Begonio.

–Vamos donde Esmeralda.

Cuando llegamos, Esmeralda nos recibió con los brazos abiertos.

–El Mamaco viene de un verano largo y solitario. Quiere dos cucas buenas para coger fuerzas.

–Patrón –dijo el Mamaco-, usted sí que sabe lo que un hombre necesita.

Salieron dos carajitas, una parecía quinceañera, la otra era un poco más madura, con tetas rebosantes que parecían excesivas para sus cuerpos.

–A esas niñas no las había visto antes –comenté con Esmeralda.

–Son nuevas. Una está por entrar a la universidad, viene de Apure, no tiene ni los dieciocho, creo que es virgen, pero está obsesionada con el sexo. Y la otra, Graciela, bueno, ya tiene un poquito más de experiencia.

–¿Por qué nunca me tiras algo así a mí?

–Porque a ti te como yo, y las que yo quiera.

–¿Y Sofía? –le pregunté a Esmeralda.

–Por ahí anda.

–¿Está trabajando?

–Le toca, yo le dije que no la iba a tener aquí de gratis. Ella perdió sus privilegios en este lugar.

–¿Tiene público?

–A unos cuantos les siguen gustando las viejas.

–¿Cómo tomó lo de Matamoros?

–No ha parado de beber desde que se enteró de su muerte.

–Él era un cabrón, pero igual lamento lo que le sucedió.

–Eso no nos incumbe, cariño. ¿Va a subir a la habitación?

–No le miento, pero no tengo ganas de tirar, Esmeralda. Esperemos al Mamaco. Tomemos algo, se me antoja un cigarrillo.

–¿Te pasa algo?

–No, nada, solo me siento un poco raro. Tráeme una cerveza, ¿sí?

–De inmediato, guapo.

11

Volví a casa, ¿qué otra cosa podía hacer? Volver a casa era lo único que me quedaba, puesto que ya ni siquiera tirarme a una buena hembra me provocaba. Qué extraña sensación, ¿qué estaba pasando conmigo? ¿Qué me ocurría? Cada vez se me hacía más necesario abandonar esta miserable vida, cambiar de aires, dejar todo atrás, volver a nacer. Después de todo, ya tenía dinero suficiente, quizás no para vivir holgadamente hasta el día de mi muerte, pero bastante para montar un negocio en cualquier parte del mundo. ¿Podría ser capaz de vivir una vida honrada, honesta y llena de trabajo después de todo lo que había hecho? ¿Cuál podría ser mi destino? No paraba de darle vueltas a la idea. Naturalmente, no me quedaría en Colombia, tampoco en los Estados Unidos de América. En cualquiera de los dos lugares me joderían: en el primero me matarían, en el segundo me meterían en una jaula... Pero si llegara a escapar, ¿me echarían al agua mis hombres? ¿Lo haría en un hipotético caso el Tino Méndez? ¿O el puto de José Pasto? Me hacía demasiadas películas yo solo. Hay trescientos traquetos, quizás mil, más montados que yo, a los cuales la DEA les debe tener los ojos encima.

Debo irme cuanto antes. Sin dudas, eso es lo que debo hacer.

Al llegar a casa empecé a prepararme la cena. Cocinar me tranquilizaba, me hacía pensar en otras cosas, me distraía. Empecé a preparar una salsa de vegetales y cociné unos espaguetis. Cuando Luciana me vio picando cebolla, se sorprendió.

—¿Y ese milagro? ¿Tú cocinando? ¿Por qué no me pediste que te hiciera algo?

—Tranquila, sencillamente tenía ganas de hacerme algo ¿Te provocan unos espaguetis?

—Sí, ¿por qué no? Tu hijo tiene hambre, ya estaba empezando a pedir comida.

Luciana avanzó hacia mí y enredó sus brazos a lo largo de mi cuerpo.

—¿Todavía me quieres, Luciana? —pregunté, sin pensar.

—¿De verdad me estás preguntando eso? ¿Crees que estaría aquí, arriesgando mi vida, por alguien a quien no quiero?

—A veces me siento como un miserable.

—¿Por qué lo dices?

—No sé, sencillamente así es como me siento.

—Pero debes tener una razón… ¿No puedes explicarlo?

—Es que son tantas cosas...

—¿Y qué te dio hoy que estás tan melancólico?

—Quiero empezar una nueva vida, quiero empezar de cero, Luciana. No logro quitarme de la mente lo que le hicieron a Clara y a Erika.

—No sé qué decirte.

—No tienes que decir nada. De hecho, las palabras no van a aliviar mi dolor. ¿Quieres saber por qué me siento tan jodido?

—Dime, por favor.

—Porque no pude vengarme. No pude matar a los desgraciados que le quitaron la vida a mi hija.

—¿Puedes ser más claro conmigo, Luis?

—¿Quieres los espaguetis al dente?

—Como sea estará bien. Cuéntame, nunca habías hablado sobre eso.

—Es verdad, creo que ha llegado la hora de contarte todo. Necesito desahogarme, déjame servir la pasta y te contaré.

Llevé la olla al lavaplatos, escurrí el agua sobre un colador y luego eché la pasta donde tenía cocinando los vegetales con un poco de soya.

—Tiene que estar deliciosos —dijo Luciana.

—Gracias, hacía mucho tiempo que no cocinaba.

Serví dos platos de pasta, fui a la nevera, abrí dos cervezas y las puse sobre la mesa.

—Luis…

—Tranquila, una cerveza no te caerá mal.

—No des más vueltas. Cuéntame, quiero escucharte.

—De acuerdo, te contaré, pero, antes que nada, ¿tú sabes a qué me dedico?

—Por supuesto, ni que fuera estúpida, pero una cosa es saber lo que haces y otra tener detalles. Solo sé cosas a medias, por lo que escucho e intuyo, pero no tengo certezas, ¿entiendes?

—Sí, bueno, el punto es que yo distribuyo drogas, Luciana.

—Distribuir, traficar, es lo mismo. No uses eufemismos conmigo, por favor. Llamemos a las cosas como son.

—Está bien, si te sientes más cómoda usando la palabra "traficar", no tengo ningún problema.

—Por supuesto que lo sabía, Luis. Insisto, no creas que soy estúpida, solo quiero saber por qué, cuándo, cuánto… Todos esos detalles y pormenores se me escapan.

—Una pregunta a la vez, querida.

—Ok, ¿por qué?

—Porque necesitaba dinero, porque quería darle lo mejor a mi hija, porque me sentía cansado de ser humillado y pensé que así las cosas cambiarían.

—¿Estás seguro de que no fue por algo más?

—Claro, muchas otras cosas tuvieron que ver. Una de ellas, mi consumo de droga. Verás, Luciana, cuando estás en mi posición, y ves el movimiento de la droga, es muy fácil pensar: yo también puedo hacer esto y ganar mucho dinero. A diario ves a los tipos que te venden esa basura montados en tremendas camionetas sin hacer el mínimo esfuerzo y entonces piensas: "Oye, yo también puedo hacer esto", y poco a poco empiezas a involucrarte, poco a poco te comienzas a meter en un mundo que es una especie de tornado, porque una vez que entras, es imposible salir. Empiezas a acostumbrarte a esa vida y de pronto te comienzan a parecer normal ciertas cosas, como que asesinen a alguien, o ver una paca con quinientos mil dólares en efectivo. Ese tipo de cosas que no ves en la vida real, o mejor dicho, en la vida legal; sin darte cuenta te has convertido en un criminal, y no porque pienses que vender droga sea malo. De hecho, si esta basura no estuviera prohibida, no habría tantos problemas, tanta violencia, ni carteles de droga. Nada de eso existiría. Se vendería en las farmacias igual que los antidepresivos y las pastillas para la tensión. Todo el bajo mundo desaparecería. Pero a los gobiernos no les conviene…

—¿No les conviene?

–Los que manejan el país también quieren enriquecerse rápidamente.

–¿Y tú crees que vender drogas es algo normal?

–Por supuesto, el alcohol te lo venden en la esquina sin ningún tipo de problema, ¿cierto? ¿Por qué tendría que ser diferente con la marihuana o la cocaína? Yo no me quejo de este estado de cosas. De hecho, es gracias a la prohibición que yo tengo dinero, pero la cuestión no es tan simple.

–De acuerdo, no voy a discutir eso contigo. Dime, ¿cuándo?

–¿Cuándo o desde cuándo?

–Desde cuándo, perdón.

–Clara tenía unos pocos meses, allí empezó todo. Un tipo casi me mata por pedirle cocaína, entonces decidí empecé a traficar. Como te dije, todo se veía muy fácil desde afuera, solo había que comprar y vender más caro. No era la gran cosa. Pero luego vas dándote cuenta lo que implica meterte en el negocio: pasas a ser testigo de la violencia, las estafas, los conflictos de intereses.

–¿Cuánto y cómo?

–¿Cuánto? Es imposible decírtelo, ni yo mismo lo sé. Uno empieza con estupideces, una pequeña carga, para probar. Mi primer trabajo fue con marihuana, después salté al perico y luego a la cocaína que es más lucrativa. Empiezas con paquetes pequeños, y a medida que vas haciendo dinero empiezas a comprar más, y naturalmente a vender más. El siguiente paso es reclutar hombres y cuando te das cuenta ya creaste una organización criminal. No es algo que hayas planeado desde el inicio, sino que sencillamente ocurre.

—¿Quieres parar? —me preguntó con frialdad.

—No lo sé, creo que sí.

—¿Qué pasó con Erika y tu hija? ¿Lo puedo saber?

—¿Recuerdas el tipo que te dije que casi me mata por pedirle cocaína?

—Me lo acabas de decir.

—Su nombre era Costello. Uno de los traficantes más grandes en la ciudad, manejaba todo el mercado de San Cristóbal y enviaba mercancía a Mérida, Valera y Barinas.

—¿Y qué pasa con él?

—Naturalmente, se molestó porque alguien (un servidor) empezó a meterse en su negocio y a quitarle clientes. Hubo malentendidos, y demás está decir que le tenía arrechera al hijo de puta por lo que me hizo cuando yo era un pobre diablo. ¿Sabías que un día casi me hace castrar por sus hombres? Bueno, todo ese odio, toda esa rabia, toda esa humillación, fue lo que me convirtió en lo que soy hoy en día. Un día nuestros temores se hicieron realidad, habían matado a Oliver Matamoros (pero resulta que después apareció vivo el desgraciado) y creímos que había sido él, Costello. Yo me había aliado con un colombiano llamado José Pasto, un cucuteño que le trabaja al Tino Méndez, uno de los más grandes traficantes del Norte de Santander. Hablé con ellos y decidimos que era esencial acabar con Costello. Y así lo hicimos. La sorpresa no tardó en llegar.

—¿Qué sucedió?

—Costello era de la familia del cartel de Cali. Y naturalmente querían vengarse. Adivina quienes pagaron los platos rotos…

—Erika y tu hija.

—Exactamente. Ellas fueron el precio de este maldito negocio.

—Y por eso te sientes culpable.

—¿Cómo debería sentirme?

—Tienes que dejarlo ir.

—¿Así, tan simple? ¿Y acá no pasó nada? ¿Admitir que mi hija se fue y listo?

—Sé que es difícil, pero no tienes otra opción. Debes seguir con tu vida. Suena cruel, pero es así, ahora tienes otra mujer y otro hijo en camino.

—No es tan fácil.

—Si fuera fácil no estaría a tu lado. Si lo ocurrido no te importara, serías un demonio. Será un camino largo, pero debes atravesarlo, debes seguir.

–Pensaba que podía seguir, pensaba que la venganza me daría alivio, pero ni siquiera pude vengar correctamente a mi hija.

–¿A qué te refieres?

–¿Recuerdas el día que había un grupo de delincuentes en esta casa, esa vez que peleamos?

–Sí, por supuesto.

–Ese era el día de la venganza.

–¿Y qué sucedió?

–Íbamos a acabar con todas esas escorias que asesinaron a mi hija y a Erika.

–¿Y no lo hicieron?

–Sí, por supuesto, lo hicimos, pero yo quería verlos sufrir, ¿me entiendes? Ver al desgraciado que se llevó a mi hija y que se grabara mi cara antes de morir.

–¿Qué hiciste?

–Las cosas se complicaron demasiado, se armó una balacera fatal... Ya viste cómo quedó el Mamaco. En medio de ese infierno me topé con el desgraciado que asesinó a Clara, empezamos a dispararnos, pero uno de mis hombres le llegó por un costado y lo acabó a tiros. Y no, no me mires así, ya sabes cómo son las cosas en este mundo.

–Disculpa, es que estas cosas solo se ven en las películas. ¿Y no era eso lo que querías? ¿Verlo muerto?

–Por supuesto que sí, pero quería matarlo yo,

hacerlo sufrir. Si hasta había pensado en llevarlo a la casa de Matamoros, encerrarlo en el sótano y dejarlo morir de hambre. Quería que sufriera lo indecible, pero todo se complicó y el cabrón murió casi sin darse cuenta.

No me vengué como corresponde.

—¿Por qué piensas eso?

—Porque él no sintió el dolor que yo sentí, porque él no sigue viviendo en un purgatorio como yo, él sencillamente murió. También pensé en buscar a su familia y matarlos a todos. A sus hijas, padres, primos, hermanos, vecinos, etc. Pero luego pensé que yo no debía culpar a otra criatura inocente como Clara (en el caso de que exista) por los pecados de un bastardo como ese.

—¿Lo ves? Tú eres más humano, Luis. Eres más grande y más hombre.

—¿Por qué estás aquí? ¿No te da miedo?

—Por eso mismo, Luis Restrepo, porque a pesar de lo que haces, eres un hombre y me enamoré de ti perdidamente. Ya sabes, la gente enamorada es estúpida. Por si eso no bastara, estoy esperando un hijo.

—¿Y no temes que les pase lo mismo?

—Yo no creo que tu vayas a permitir que vuelva a pasarte lo mismo, ¿cierto?

—Por supuesto que no.

—Ya que me estás hablando de marcharte, ¿por qué no lo hacemos? Vámonos donde tú quieras.

Yo viví en Madrid, tengo conocidos, quizás hasta podría recuperar mi antiguo trabajo.

–No tienes por qué trabajar. Tengo dinero suficiente para los tres.

–Lo sé, pero vamos a necesitar hacer trámites y para ello debo trabajar, ¿comprendes?

–Ya, entiendo. Igual son suposiciones, yo no puedo irme así de fácil.

–¿Por qué no? ¿Qué te lo impide?

–No es tan fácil salir de este mundo. Temo que nos persigan en cualquier lugar al que vayamos. No sé si los narcos, o la DEA, el FBI, la INTERPOL… Esto es muy jodido, en Venezuela no entran esos hijos de puta porque el gobierno nos protege, ¿sabías? En esta basura de país, del Presidente para abajo son todos unos narcos de mierda, por eso no permiten que ingrese aquí la DEA ni nadie, por eso es tan fácil ser traqueto en este puto país, pero poner los pies afuera puede significar que te metan los ganchos a la primera ocasión.

–¿Y por qué no averiguas?

–¿Averiguar qué?

–Bueno, si tienes expediente abierto, si te están buscando…

–Yo creo que no, pero si el día de mañana agarran al Mamaco, a Alirio, al Begonio, a José Pasto, al Tino, o cualquiera de sus hombres, todos van a cantar. Esto es como un dominó: si tú caes, te llevas contigo a todos los demás.

–No puedes atarte a eso de por vida. Podemos comprar una nueva identidad, tenemos dinero para eso, ¿no?

–Puede ser, no te digo que no. Pero también debemos lavar el dinero, no podemos irnos a España con uno, dos, tres millones de dólares en efectivo, tenemos que ver qué se puede hacer.

–Ya se te ocurrirá algo.

–Debo hacerlo. Igual, tenemos que esperar un poco. Tú no puedes volar en ese estado. Es peligroso para el niño. Mejor será aguardar hasta que nazca.

–Por supuesto, pero debemos ir planeando el futuro. Tú mismo me acabas de decir que esta vida es inviable.

–No del todo, pero es agotadora.

–Vas a tener que tomar una decisión.

–Tranquila, lo haré, pero ahora come los espaguetis, que ya deben estar fríos.

12

Algunos días después de haber hablado con Luciana, cuando el Mamaco se había restablecido bastante, llamé al Tino Méndez para acordar una reunión. Por supuesto que no había comentado mis planes con nadie, excepto Luciana. Necesitaba dar un nuevo golpe, el último, para obtener el dinero necesario para escapar de esta miserable vida. Tendría una reunión con el Tino y acordaríamos un nuevo envío de mercancía hacia Europa, a través de nuestra ruta en Aruba. Hasta ahí todo normal, como siempre, pero esta vez tras hacer el negocio, secuestraría el dinero y asesinaría a los escoltas. Daría una parte del botín a mis hombres y me largaría para siempre de este maldito y miserable país. No podía contarle mis planes a nadie. Hasta tenía que evitar pensar en ello porque en este mundo asqueroso hay sapos por todas partes y no podía correr riesgos. Sin dar explicaciones, a la mañana siguiente bajé con el Mamaco y Begonio a Cúcuta, para reunirme con el Tino Méndez.

Alirio se quedó con un par de hombres escoltando a Luciana en casa.

Tomamos camino hacia Cúcuta, volvimos a recorrer esas montañas andinas que nos llevarían hasta la frontera, pero yo me sentía diferente a las otras veces. Estaba ligeramente nervioso. El Mamaco me preguntó que por qué estaba tan callado, me hice el desentendido y seguí pensando en mi futuro, en ese ovillo sin pies ni cabeza que yo llamaba mi vida. El Mamaco iba adelante charlando con el Begonio. Como siempre, el Begonio iba escuchando en la radio esos malditos vallenatos miserables, en los que todas las mujeres son unas putas y todos los hombres se suicidan por desamor. Pero yo ya no podía soportar esa infame música campesina.

–¡Begonio, quita esa mierda! –grité cuando ya no pude soportarlo más.

Begonio bajó el volumen de la radio sin decir nada. Mamaco también se quedó en silencio.

–Gracias, mucho mejor –comenté.

El camino se hizo más largo de lo habitual. Tras pasar por Capacho y empezar a descender, el calor del exterior empezó a calentar nuestros cuerpos. A tal punto, que pedí que bajaran la temperatura del aire acondicionado. Como se había hecho costumbre desde la reapertura de la frontera, los guardias no revisaron absolutamente nada. Tal vez esas eran sus órdenes: ¡Dejen esa mierda abierta, no jodan a nadie! ¡Por esa frontera necesitamos traficar hasta órganos para alimentar al pueblo! No me costaba imaginarme al inepto del Presidente ordenando alguna burrada como esa.

Finalmente llegamos al camino encubierto que conducía a la hacienda del Tino Méndez. Como siempre, nos interceptaron sus guardias privados, llegaron unas motos y nos escoltaron hasta la mansión. En la entrada nos esperaba Jabinson Bermúdez, el sicario del Tino Méndez.

–Parcero –dijo por la ventana de la camioneta-, qué placer verlo por acá. ¿Cómo está todo?

–Muy bien Jabinson, ¿dónde estacionamos? – pregunté.

–Dejen ese perol ahí, de inmediato mando a Yuber a que le reciba la nave. ¡Yuber, venga acá, hombre! Los señores están esperando. Bájese, parce, nos encargaremos de todo.

Entonces bajamos de la camioneta Alirio, Begonio y yo.

–¿Cómo va todo? Me enteré de lo de su hija y su mujer… Mi más sentido pésame, parcero. Gracias al chucho que ya se vengó de esos tetra-doble-hijueputas. Hubiese querido ir a bajarme a esos perros con usted. No se imagina cómo me puse cuando el patrón me contó, pero, usted ya sabe, acá hay que estar al pendiente todo el tiempo, si no se alborota el avispero.

—Tranquilo, Jabinson, ya pasó todo.

—No sabe cómo me alegra escuchar que ya se bajaron a esos plastas de mierda.

—Sí, eso ya es historia. ¿Y el Tino? ¿Todo bien?

—El patrón los está esperando en la casa de atrás. Como sabía que usted venía mandó a matar dos cochinos y a hacerlos preparar en vara. ¿Sabe quién es el cocinero? Pues, el mismo verraco que le preparaba el cochino en vara a la familia de Chávez. Ese man es como un mago, el cochino le queda delicioso.

—¿De verdad?

—Claro, parcero, usted sabe que el Tino le tiene mucho aprecio. Pero venga, dejémonos de verraqueras. Adelante, pase, el Tino lo está esperando.

—Gracias, hombre.

Jabinson comenzó a caminar y nosotros lo seguimos hasta ingresar en la mansión del Tino Méndez. Una vez adentro nos recibió el mayordomo, ese gordo maricón cuyo nombre no recuerdo.

—Señor Restrepo, ¿cómo está usted?

—Todo bien, gracias.

—El patrón lo está esperando —dijo, señalando la

parte de atrás.

–Gracias –volví a decir, con aire agobiado.

Atravesamos la mansión, llegamos a la parte de atrás y empezamos a descender hasta llegar al salón de fiestas y la piscina. Allí estaba el Tino Méndez, con una botella de whisky, rodeado por unas diez mujeres en bikini. Eran unas diosas espectaculares.

–¡Luis Restrepo, parcero! ¡Bienvenido! –gritó cuando me vio.

Se levantó de la silla y vino caminando hacia nosotros.

–Llegó justo a tiempo. Mire lo que le tengo por allá… Puro lomito, mijo, para que afile los dientes. Puras gamberras… Esas verracas son de Pereira, ¿sabe dónde queda? De allá son los mejores culos de toda Colombia. Las traje directo de allá.

–Yo pensaba que las más buenas eran las paisas –comenté.

–No mijo, en esa verraquera solo sirven para traficar droga. Son la misma vaina que aquí, solo que ellos se creen la gran mierda. Los paisas son unos nuevos ricos, eso es todo.

–Entiendo.

–¿Vienen con hambre? ¿Les provoca tomar algo? Mandé a preparar un cochino que cuando lo prueben se van a caer de culo. ¡Les va a dar un infarto! En sus vidas han comido algo así, se los puedo asegurar.

—No nos vendría nada mal comer algo, la verdad.

—Sus habitaciones están preparadas.

—Espera, Tino, creo que no podremos quedarnos.

—Parcero, usted sabe cómo son las cosas: primero la rumba, el miche y las viejas, después los negocios. Se vive una vez, parcero, una sola vez, no se tome la vida tan en serio.

—Está bien.

—¿Qué quieren beber?

—Un whiskicito para mí —dijo el Mamaco.

—¿Ve, Luis Restrepo? Por eso es que este man me cae tan bien.

Abrazó al Mamaco y empezaron a caminar en dirección a la piscina y las mujeres. En cuestión de minutos, llegó el mayordomo y nos trajo los vasos de whisky en una bandeja.

—Mire, parcero, todo es de dieciocho años aquí, tanto el whisky como las viejas. Esa es la edad perfecta para todo —comentó.

El Begonio y el Mamaco comenzaron a reír, tomamos asiento alrededor de la piscina. En ese momento descubrí que me esperaba un día muy largo. Era necesario perder la conciencia.

[…]

Empecé a beber y a consumir cocaína sin medida, era la única forma de hacer que pasara el tiempo rápidamente hasta concretar el negocio con el Tino Méndez. Era un día caluroso, había mujeres, piscina… ¡Qué carajos! ¿Qué más podía pedir? El alcohol anuló el hambre, pero el olor a cochino en vara me estaba volviendo loco.

—¿Cuándo vamos a comer, Tino? —pregunté medio en broma, medio en serio.

—¿Tiene mucha hambre, Luis? Aguante un poco más. Pronto va a comer lo mejor que haya podido probar en su verraca vida, mientras tanto mire lo que hay acá… —dijo, señalando el culo de una de las mujeres. La haló del traje de baño y le metió los dedos en la chucha-, Cómase una de estas, están deliciosas… Yo ya llevo una de desayuno.

[…]

Esas hermosas mujeres no paraban de reír, estaban más drogadas y borrachas que todos nosotros juntos. El Mamaco y Begonio no podían dejar de mirarlas. Para ellos, unos campesinos horrendos que jamás habían cogido hembras como esas, aquello era el nirvana. Habrían podido trabajar de gratis siempre y cuando les permitieran cogerse una mujer de esas cada tanto. Ellos no podían aspirar a nada más, no les importaba tener problemas para dormir, sentirse amenazados, correr peligro de que los mataran, siempre y cuando tuvieran un buen culo para aliviarse. Me largué a reír. Y se me ocurrió pensar que para liberar la tensión lo mejor sería tirarme uno de esos culos de primera.

–Está bien, me voy a llevar a la catira esa que no deja de mirarme.

–¡Ah! –comentó-. ¡Mileidy! ¡Venga acá! El señor Luis Restrepo está preguntando por usted. Llévelo al cuarto y le hace un masajito.

Mileidy salió de la piscina totalmente mojada, caminaba como si estuviera desorientada y vino a abrazarme.

–¿Te enseño el camino? –dijo, coqueta y risueña.

–Sí, claro.

Caminamos sin decir palabra, a ella no parecía preocuparle tener que chuparle las bolas a cualquier tipo que el Tino Méndez le ordenara. Estaba demasiado drogada para notar la diferencia entre mamarse un huevo o comerse un cambur, casi se cae un par de veces y la tuve que sostener. Al entrar a la casa, el mayordomo nos condujo a la habitación en la que dormí durante la visita anterior.

–Hemos arreglado la habitación para su comodidad, señor -dijo el anfitrión de la casa del Tino Méndez.

–Muy agradecido… Eeeh…

–¿Sí, señor?

–Es que olvidé tu nombre.

–Mi nombre es Johnny, señor. Llámeme si necesita algo.

–Sí, Johnny, claro, lo había olvidado.

Apenas entramos a la habitación me dieron ganas

de ser lo más indecente posible con la perra que tenía en el cuarto.

—Mileidy, ¿así te llamas tú? —pregunté.

—Usted llámeme como quiera, parce. El Tino nos inventa nombres nuevos todos los días. Yo no tengo nombre, ¿sabe?

—Pero, tienes que llamarte de alguna manera, ¿no?

—Pues, cuando vengo acá no, ¿usted qué cree? ¿Qué yo no tengo vida propia? Mis amigas y yo venimos acá a pasarla rico, usted ya sabe. El Tino nos da droguita, ropa, joyas, comida y platica, ya luego nos regresamos y tenemos billete para vivir como reinas.

—¿Regresar? ¿Adónde?

—A Pereira. Allá estudiamos en la universidad. Nos tienen por niñas bien, nos caen los hijos de políticos, de médicos... Y, bueno, uno tiene que llevarla, pero ese estilo de vida no se paga solo. Por eso le digo, aquí no tenemos nombre, aquí nos llamamos como quieran que nos llamemos, ¿me entiende?

—Como quieras, Mileidy.

—Puedo ser Roxana, Camila, Mónica... El nombre que más le excite.

—¿Quieres perico, Mónica?

—Lo que quiera, parce.

—Venga acá, mami —le dije y me coloqué una línea de cocaína en el abdomen-. Jálese todo eso y luego me lo chupa.

Mónica obedeció en silencio. Se jaló la línea entera de cocaína y luego empezó a mamarlo con una devoción absoluta. Me lo chupaba como si su vida dependiera de ello y mientras ella lo hacía, yo me asombraba de cómo el dinero podía llegar a manejar a las personas. No vaciló en ningún momento, no hizo preguntas, jamás intentó evitar nada. Ella simplemente hacía lo que se le decía, como si fuera lo más natural en este mundo. Mientras me lo chupaba comencé a quitarle ese traje de baño mojado y disfruté al ver sus tetas enormes. Al quitarle la parte de abajo, vi que tenía una vagina hermosa, rosadita y bien cuidada, como toda una princesa, totalmente depilada.

–¡Qué rica estás! –exclamé.

–Puede hacer conmigo lo que usted quiera –respondió.

Sin pensarlo dos veces, fui a la gaveta donde estaban los condones, tomé uno, cubrí la cabeza de mi pene, la coloqué en cuatro y se la metí por el ano hasta el fondo.

–Uy, papi, eso me refregó.

–¿No te gusta?

–Sí, pero con cuidadito.

Empecé a darle con todo, sin importarme lo que decía. La sujeté del cabello y ella comenzó a gritar, le di nalgadas, le halé el cabello con más fuerza, le mordí la espalda y se la metí con fuerza.

–Grita, perra –le decía.

Ella gritaba, se retorcía, estaba siendo sodomizada intensamente y no podía disfrutarlo.

–¡Qué culo divino tienes, preciosa! –le dije.

–Dale, ahora no pares –comenzó a decir ella, entre gemidos.

Seguí dándole con todo. Tan duro, que empezaron a salirme moretones en la pelvis. Cuando sentí que estaba a punto de acabar, lo saqué, me quité el condón y le dije.

–Abre esa boquita que te la voy a llenar de semen.

Ella abrió los labios y cerró los ojos sin rechistar. Dejé escapar todo mi semen y le bañé la cara mientras pensaba "así se trata a las putas".

[...]

Luego de cogerme a Mileidy, Mónica, Sabrina, o como fuera que se llamara, le ordené que saliera de la habitación, llené la tina conagua caliente y me tiré a reposar. De pronto empecé a recordar que mientras yo estaba allí la última vez, unos sicarios estaban asesinando a mi hija y a Erika. Traté de borrar esos pensamientos de mi cabeza e intenté relajarme. Estuve casi media hora en la bañera. Salí, me sequé, fui al armario, tomé una camisa nueva y me vestí. Me sentía como si estuviera en mi propia casa.

Abandoné la habitación y bajé rumbo a la sala de fiesta de la parte trasera. Tenía tanta hambre que mis tripas ardían. Johnny me vio a lo lejos y vino hacia mí.

—El cochino está listo, señor ¿desea comer?

—Sí, por supuesto, me muero de hambre.

—El patrón lo está esperando.

Seguí caminando y al llegar a la piscina el olor a cochino lo inundaba todo. En una mesa enorme sirvieron trozos de cochino, papa, yuca, guasacaca, y un pico de gallo que se veía increíble. Me acerqué a la mesa y el Tino Méndez vino hacia mí.

—¿Cómo le fue con la Mileidy? —preguntó, risueño.

—Cero quejas, Tino. Qué buenas perras tiene usted aquí.

—Ya ve, parcero. A esa me la comí anoche. Culea divino, ¿verdad? Zenda verraca, se menea como una vieja de treinta, ¿sabe cuántos años tiene?

—¿Cuántos? —pregunté, sinceramente interesado.

—Diecisiete. Tuvimos que sacarle un permiso especial para que pudiera venir.

—¡Mierda! ¿En serio?

—Ya se lo dije, parcero. Aquí todo lo que tomamos y comemos es de dieciocho años.

—Ella me dio a entender que trabajaba en esto, como si ya fuera algo habitual.

—Claro, a esas chinas se les paga bien para que vengan. ¿Qué cree usted? Esas son las más loquitas. Ya después de los veinticinco solo andan pensando en casarse, asegurarse para el resto de sus vidas. Obviamente, también hay putas a esa edad, pero están más recorridas. Estas, en cambio, están virguitos, veinte kilómetros, aguantan mucho más huevo.

–¿Y de dónde las sacas? –pregunté, intrigado.

–Parcero, por la plata baila el mono, ¿no lo sabe? Ahora venga, coma cochino que está más bueno que el carajo.

Acabada la conversación, me acerqué a la mesa y empecé a servirme cochino. Me bastó pellizcarlo con el tenedor para descubrir lo suave que estaba. Me serví yuca, papa, abundante pico de gallo y guasacaca… Quería probar todo lo que había. Me acerqué a la mesa y me senté junto al Mamaco.

–Uy, patrón, esto es el cielo, provoca venirse a vivir acá –dijo.

–¿Ya está pensando en venirse a jalar bolas aquí? –repliqué irónicamente.

–¿Pero cómo así, patrón?

–No me hagas caso.

–Ya, patrón, yo solo lo decía por las viejas estas, que están deliciosas.

–¿Viejas? ¡Pero si no llegan a los dieciocho!

–Usted sabe a qué me refiero, no se haga.

–Déjeme comer, Mamaco.

¿Por qué estaba tan cascarrabias? ¿Por qué no podía sencillamente ser un imbécil y pasarla bien junto a estos campesinos? ¿En qué me había convertido? Traté de calmar mi inquieta cabeza y me dediqué a comer el cochino. Tan solo al probarlo pude ratificar lo que el Tino Méndez me había dicho: verdaderamente, era un pedazo del cielo. No me sorprendería que fuese verdad que el hijo de puta que lo preparó le cocinara al mismísimo Chávez y a su familia. Comí como si no hubiera mañana, casi ni quería probar la yuca, o la papa. No quería desperdiciar estómago en esas porquerías cuando disponía del mejor cochino de todos los tiempos. Repetí un par de veces, hasta que ya no daba más, me levanté de la silla casi sin poder mover mi cuerpo y fui hasta el borde de la piscina, junto al Tino, las bellas mujeres y sus sicarios.

–¿Qué le pareció, parcero?

–La verdad es que no puedo describir con palabras el sabor de ese cochino.

–Ya ve, parce, para usted solo lo mejor de este mundo.

–Realmente…

–¿Quiere una línea para pasar la comida?

–No, gracias, así estoy bien.

–Venga, tómese un digestivo. Ahí tiene un licor de Italia para que baje la comida y pueda seguir hartando miche. ¡Johnny! Haga el favor y le trae un Frangelico a Luis Restrepo.

Definitivamente, si había una palabra para describir todo esto esa era "paraíso". Este era el paraíso terrenal de las putas y los traquetos.

[...]

Avanzada la noche, el Tino Méndez ya estaba hundido en la mierda, con los ojos desorbitados. Había golpeado a una de las mujeres porque según él no le mamó el huevo como le gustaba; le arrojó una botella de whisky a la cabeza a Johnny porque no era dieciocho años, y cuando Johnny intentó explicarle que esa botella era incluso de mayor calidad, lo puteó y le clavó una patada en las rodillas.

—Tráigame dieciocho años o lo mando a matar, desgraciado —ordenó.

Si bien quería hablar con él de negocios, intuí que no era el mejor momento. Yo también comenzaba a tambalearme y sentirme mal. Después de comer tanto cochino, casi no pude ni beber. El Mamaco estaba drogado y borracho y había desaparecido con una negra, mientras que el Begonio se había quedado dormido en el suelo junto a la piscina. Aproveché que el Tino Méndez estaba distraído hablando con otro de sus amigos y me perdí entre los árboles. Tuve dificultades para encontrar el camino de vuelta a la casa, tropecé con una rama y caí al suelo, pensé que no podría levantarme y que pasaría la noche allí, pero logré sacar fuerzas para mover mis piernas y hallar el camino a casa. Allí me recibió Johnny. Me dijo algo que no recuerdo y yo solo le pedí que me llevara a la habitación. No sé en qué momento cerré los ojos, pero cuando desperté, estaba acostado en la cama.

[…]

A las tres de la tarde nos llamaron para el almuerzo. El Tino Méndez tenía cara de pocos amigos y estaba sentado a la punta de la mesa.

–¡Cochino! ¿Cochino? –gritó el Tino-. Yo no quiero esa mierda, tráiganme otra cosa. Discúlpeme, Restrepo, usted sabe que los empleados son brutos, hay que tratarlos como animales y nunca aprenden. A veces hasta me provoca tirarlos a ellos a la parrilla… Quién sabe, los he alimentado tan bien que capaz tengan buen sabor.

Los amigos del Tino Méndez comenzaron a reír, al igual que el Begonio y el Mamaco, aunque a mí aquello no me causó gracia tuve que reír para seguirles la corriente. Me hice el pendejo y volví a comer cochino. A ellos les sirvieron un asado de carne de res que prepararon en un abrir y cerrar de ojos.

Luego del almuerzo subí a la habitación para preparar las cosas y marcharnos. Quería salir de ese puto lugar cuanto antes. La casa era increíble, las comodidades y los lujos también, las mujeres ni se diga, pero ya no me aguantaba al hijo de puta del Tino Méndez. Se me había metido tanto en la cabeza salirme de este puto mundo, que ya no soportaba a nada que tuviese que ver con todo ello.

Antes de marcharme nos dimos cita en la sala principal. El Tino pidió whisky, pero yo no lo probé.

—Cuénteme, parcero, ¿necesitaba decirme algo?

—Bueno, la razón por la que…

—Espere, parcero, qué maleducado soy. Antes de nada, quería darle el pésame por lo de su mujer y su hija, imagino como debe sentirse… Ayer, con todo el bochinche… Bueno, si hay algo que puedo hacer…

Maldito hijo de puta, ¿cómo va a saber lo que se siente al perder a una hija y a su mujer?

—No se preocupe, Tino, gajes del oficio. Son las cosas con las que tenemos que vivir, ¿cierto? Para eso hay billete y mujeres, ¿verdad?

—Por supuesto, parce. Ahora sí, dígame.

—Tino, he venido porque hace mucho tiempo que no enviamos carga a Europa y los Estados Unidos. A esos gringos hay que llenarlos de droga, ya sabe. Creo que deberíamos hacer una carga fuerte, y vine para que coordináramos eso.

—Luis Restrepo, usted me ve aquí borracho y cogiendo viejas y piensa que no estoy metido en la vuelta de los billetes… Pero, dígame, si fuese así, ¿cómo podría pagar todo esto? Claro, mijo, eso ya está hablado.

—¿Es que acaso pensaba darle el encargo a otro?

–Pues, hermano, con la muerte de su hija… Yo no sabía si usted estaba en condiciones para llevar a cabo una nueva operación. Además, esta la haremos por La Guaira, directo a los Miamis, ¿me entiende?

–Tino, no me va a sacar de la vuelta, ¿o sí?

–Yo solo pensaba facilitarle las cosas. Le había dicho a José Pasto que se pusiera las pilas, porque no me está produciendo billete, ¿me sigue?

–Yo soy el hombre para esa vuelta, Tino. Créame, conmigo su billete está seguro, usted lo sabe muy bien.

–No sé, Luis Restrepo. Lo tengo que pensar. Es una vuelta grande. Por allá la droga se paga más cara, no es fácil aterrizar en tierra de gringos.

–Yo me ocupo de todo eso.

–Mire, parcero, le voy a ser claro, por allá no es tan papaya la vaina: hay que lidiar con la DEA y toda esa cuerda de gringos de mierda.

–No importa, yo sé cómo lidiar con esos cabrones. Yo me hago matar por su plata, Tino. Siempre se la he traído completa, usted lo sabe mejor que nadie.

–Hagamos lo siguiente: usted y José Pasto se encargarán de esa vuelta entre los dos. Van a tener que trabajar en equipo y asegurarse de que esa mercancía llegue a los States… Y lo más importante: que yo reciba mi billete.

–¿Ya no confía en mí? –pregunté, con gesto

severo.

—Parcero, yo he sido muy bacano con usted, pero ese es mi billete y solo yo sé cómo manejarlo, ¿me entiende?

—Está bien, iré con José Pasto. ¿Cuándo es esa vuelta?

—Estoy finiquitando los detalles. La carga debe salir en nueve días.

—¿Entonces qué hago?

—Se me va a ir con Pasto a Caracas, dentro de siete días. Necesito que organicen la recepción de la carga. Mande al Mamaco a cuidar el envío, que él siga la carga con otro de sus hombres. Ustedes esperarán al otro lado.

—¡Ya va! ¿Quiere que el Mamaco resguarde toda la carga?

—Es una carga grande. Yo voy a mandar a Jabinson y quiero que el Mamaco vaya con él, ¿algún problema?

—No, solo que… —No pude terminar la frase, el Tino siguió dando órdenes.

—Usted se me va a ir a Caracas a organizarlo todo, ¿entiende? No va a volar a los Estados Unidos, porque eso complicaría las cosas todavía más. La misma avioneta que lleva la carga va a traer el dinero por adelantado; usted se asegura de que llegue el dinero, monta la carga y manda la avioneta de regreso. La avioneta va sola con el piloto, no tiene capacidad para una persona más, el motor no aguanta tanto peso. El piloto es de confianza. En los próximos días le daré más información, ¿está bien?

–Sí, claro.

–Ahora, vaya y comuníquese con José Pasto, quiero que ejecuten todo a la perfección. Usted sabe que yo soy su parce, pero dinero es dinero, Restrepo: en asuntos de plata, los amigos no existen.

–Estoy completamente de acuerdo con usted.

–Ahora vaya, mijo, me espera una de esas diablas. Se van esta noche y tengo que aprovechar.

13

En el camino de regreso a San Cristóbal no hice otra que pensar cómo haría para deshacerme del imbécil de José Pasto. ¿Tendría que asesinarlo? Por supuesto, esa era la única solución, pero, ¿cómo hacerlo? ¿Cuál era el mejor momento? ¿Antes de hacer el envío? ¿Después? ¿Cómo evitar que el Tino Méndez desconfiase de mí? ¿Qué pretexto daría a mis hombres para que obedecieran mis órdenes? Empezaba a sentir dolores de cabeza y tenía muy claro que el plan de escapar con todo el billete generado en esa operación se hacía cada vez más cuesta arriba. A consecuencia de aquello, durante todo el viaje no pronuncié palabra. El Mamaco y el Begonio tampoco intentaron hablarme, quizás se dieron cuenta de mi estado y decidieron no molestarme. Los notaba ausentes, ensimismados, ¿qué estarían pensando esos nobles brutos? ¿Habrá sospechado algo el Tino Méndez? ¿Por qué me enviaba a hacer la operación con José Pasto? Me había hablado mal de él, ¿estaría tramando algo también?

Con mis pensamientos estancados en la idea fija, llegué a casa exhausto, todavía agobiado por la resaca de la noche anterior. Subí las escaleras y llegué a la habitación. Luciana era un manojo de nervios.

—¿Dónde estabas metido, Luis? ¿Por qué no contestabas?

—Tú sabías que iba a reunirme con el Tino Méndez. Allá no hay cobertura, tuvimos que pasar la noche.

—Me siento mal, Luis… Siento que voy a reventar.

—Pero, ¿qué dices? Solo llevas siete meses, ¿no?

—Ya voy para ocho, Luis, pero igual puede que el parto se adelante. A veces sucede.

—¿Quieres que llame a un médico?

—No sé. Haz algo, por favor.

Había llegado exhausto, pero la vida no me permitía descansar. Tuve que volver a salir de mi casa, puesto que no tenía confianza suficiente con ningún médico para llamarlo a mi casa. Fui al centro clínico, soborné a uno de los médicos de guardia y lo llevé para que viera a Luciana. Tras un breve examen, nos indicó que todo estaba bien. Eran dolores naturales del embarazo. Obviamente, si ella sentía que se agudizaban, deberíamos acudir a la clínica.

–Perfecto. Si lo necesitamos, lo llamaré –le dije antes de despedirlo.

Luego de la visita del médico mandé a Alirio a buscar algo para cenar. No quería mover un solo dedo.

–¿Te sientes mejor? –dije, mirando a Luciana con ternura.

–Sí, tal vez solo eran los nervios por no saber nada de ti.

–Ya, no tienes nada de qué preocuparte.

–¿Cómo te fue?

–Bien. Hablé con el Tino, para organizar todo lo que te dije.

–¿Y bien?

–No será fácil. Tengo que ir con José Pasto, pero ya me las arreglaré.

–¿Crees que es seguro?

–En este mundo nada es seguro, Luciana.

–Lo sé, pero sabes a qué me refiero.

–Haré todo lo que pueda. No te puedo decir más.

–¿Cuándo es?

–La próxima semana.

–¿!La próxima semana!?

–Sí, exactamente en nueve días. Y nos iremos a España de inmediato.

–Pero Luis, ¿de qué estás hablando?

–Lo sé, pero todo se adelantó. El Tino Méndez ya tenía una agenda establecida, no la puedo modificar. Además, es un golpe enorme. Tengo el presentimiento de que hay algo turbio y prefiero actuar de una vez, ¿comprendes?

–¿Algo turbio? –interrumpió Luciana, visiblemente preocupada.

–Yo sé cómo es todo en este mundo. Confía en mí, ¿sí?

–Está bien, confiaré en ti… Pero me da miedo, ¿sabes? Mi mamá, mi familia… ¿Me voy a ir así no más? ¿Y el bebé?

–No tenemos de otra, Luciana. Tendremos que marcharnos de inmediato.

–Eso puede ser malo para el bebé y para mí, Luis. Lo sabes muy bien.

–¡Mierda! ¡Claro que lo sé! Estoy estresado. No pienso con claridad. No sé qué hacer. No quiero seguir en esto, ¿entiendes? Siento que voy a colapsar y no puedo seguir más aquí… Es ahora o nunca.

–Y qué te parece si…

–¿Si qué?

–Hagamos lo siguiente.

–Te escucho.

–Compremos unos pasajes para cualquier lugar… Quito, Miami, Buenos Aires, donde se te ocurra. Panamá… A cualquier parte. Da igual. Los compramos y los dejamos sobre una mesa, como al descuido, de modo que el Mamaco y los otros hombres puedan verlos. Cuando lo hagan, imaginarán que planeamos irnos allí, a ese sitio… Pero saldremos por carretera, nos ocultaremos unos días en cualquier parte del país… Mérida, Barinas, Barquisimeto, Valencia, donde sea. Esperamos a que nazca nuestro hijo y nos vamos a Europa.

—No es tan mala idea, pero sería estúpido darles a pensar que queremos huir, ¿entiendes? No podemos hacer eso.

—Entonces no compremos el pasaje, podemos dejar la computadora encendida con la búsqueda para que ellos elaboren sus propias conclusiones. Si piensan que hemos abandonado el país, no podrán buscarnos. Además, Venezuela es muy grande, por más que quieran, no podrán encontrarnos.

—Tienes razón, pero tendríamos que salir en la camioneta, dejarla en algún lugar y luego tomar un taxi. No podemos dejar rastros. Me refiero a dejar la camioneta en un pueblo fantasma, por el llano, como Santana o Socopó…

—Hagámoslo, Luis.

—Tendríamos que alojarnos cerca de la capital. Así, tan pronto nazca nuestro hijo nos vamos a Maiquetia y tomamos un avión.

—Perfecto. Empezaré a preparar las cosas.

—¿Preparar? ¿Qué cosas? Nadie puede saber que

nos vamos, ¿entiendes? Nadie.

—¿Ni tus hombres?

—Sobre todo ellos. En este mundo no se puede confiar en nadie, Luciana.

—Sí, qué tonta soy. Lo siento, debe ser el embarazo…

—Quédate tranquila. Yo me ocuparé de todo. Tú solo relájate, todo saldrá bien.

—De acuerdo, Luis.

14

La conversación con Luciana obró el milagro de que mis devastadas energías se renovaran. Comencé a planificar la misión paso a paso. Tenía muy claro que lo primero era deshacerme de José Pasto, pero lo más determinante era saber si podía confiar en mis hombres, contar con su lealtad. ¿Cómo los convencería? ¿Qué pretextos usaría? Podía decirles que nos robaríamos todo ese dinero, pero ello implicaría que les prometiese una buena parte del botín. No iban a arriesgar sus pellejos a cambio de nada. ¿Tendría que eliminarlos también a ellos? ¿Tendría los cojones necesarios para matar al Mamaco, Alirio y Begonio?

Suponiendo que en el camino de regreso vinieran José Pasto y todos sus hombres, ¿cómo haría yo solo para matarlos a todos y quedarme con el

JOAQUÍN MATOS

dinero? ¿Podríamos darnos a la fuga en la camioneta? Me parecía algo excesivamente arriesgado. Lo único que se me ocurría era llevar a cabo la operación como si nada estuviera pasando, recoger el dinero y emprender el camino de vuelta a San Cristóbal. Una vez me hallara en la autopista José Antonio Páez, la que conecta a Barquisimeto con Barinas, llamaría a mis hombres y les diría que José Pasto quería eliminarnos y que teníamos que ganarle de mano. Simularíamos un desperfecto y aparcaríamos a un lado de la autopista, lo que naturalmente obligaría a las otras camionetas a estacionar, siguiendo el protocolo en estas operaciones. Seguramente, el dinero estaría dividido, para ser cuidado entre todos los vehículos. Cuando ellos bajaran de sus carros, les meteríamos bala a granel. No había otra salida. Era a todo o nada. Contábamos a favor con el factor sorpresa, eso podría decidir el combate rápidamente.

Aquella noche me fue imposible dormir. Era un simple manojo de nervios, hasta llegué a pensar en contratar a unos tipos para que nos hicieran una emboscada en plena autopista, pero al final de cuentas todo sería lo mismo: más zamuros para el dinero, mayor repartición; además de que aquello podría convertirse en un arma de doble filo: cuando hay tanto billete de por medio no se puede confiar en nadie. Tenía que hacerlo todo yo solo, eso estaba claro. Lo más seguro era confiar en mis hombres hasta el final: hablarles claro en medio de la autopista, prometerles una buena dote y arrojarlos al combate. Era la única salida que me quedaba.

Pasé la noche en vela y cuando me di cuenta ya era de día. No había pegado ojo. Fui a la sala, saqué una bolsa de cocaína de un cajón y esnifé varias líneas al hilo para tomar fuerza.

El Mamaco estaba en la cocina, preparando desayuno.

—Patrón, ¿cómo amanece? —preguntó, con gesto amable.

—Bien, ¿y tú? —repliqué en voz baja.

—Ya lo ve, ¿se le antojan unos huevos?

—¿Desde cuándo cocinas tú?

—Desde que me empezaron a sonar las tripas —comentó riendo y frotando su barriga.

—Está bien, tengo hambre. Te acepto un par de huevos.

15

Los días siguientes transcurrieron sumidos en una monotonía inalterable. Mis nervios estaban fuera de control y la ansiedad aumentaba a medida que se acercaba la fecha en que debía dar el golpe que cambiaría mi vida. Seguía dándole vueltas a la cabeza para tratar de resolver la situación. No tenía nada definido. ¿Cómo iba a actuar finalmente? Lo desconocía completamente. Mi equilibrio interno comenzaba a resquebrajarse. Yo había dejado de ser esa persona segura, constante y determinada para convertirme en un ser absolutamente vulnerable. Desde la muerte de Clara ya no sabía lo que quería, cuáles eran mis necesidades y mis intereses vitales.

Un par de días antes de partir a Caracas para preparar mi pequeña revolución, salí con el Mamaco y Alirio, los fieles compañeros con los que había empezado esa aventura. Fuimos a visitar la residencia de Sofía, que ahora manejaba Esmeralda. Pensando que quizás esa sería la última vez que tendría esas tetas deliciosas entre mis manos, me la cogí esa misma tarde. Ella no se dio cuenta de nada. Más adelante, tendría que conseguirme otra zorra como ella, pero indudablemente nadie podría compararse con la dueña de la famosa casa de Madame Sofía (como es conocida en la ciudad).

Luego de saciar nuestros impulsos sexuales, nos dirigimos al centro de la ciudad. Fuimos a un establecimiento de motos y les regalé a cada uno la moto que quiso.

—Patroncito, ¿y esto? —preguntó el Mamaco, desconfiado.

—Considéralo un regalo de navidad por adelantado, es su premio a la fidelidad —expliqué.

Volví a casa solo. Mis fieles secuaces me seguían en sus motos nuevas y mientras yo conducía iba preguntándome si eso sería suficiente para comprar su lealtad absoluta. Al llegar a mi casa, encontré a Luciana agobiada por los dolores en su vientre.

—¿Estás bien?

—Sí, imagino que los días previos al parto son los más difíciles.

—¿Te sientes en condiciones de viajar así?

—Si eso es lo que necesitamos para vivir

tranquilos, Luis, lo haré. Además, hemos quedado en ocultarnos en cualquier parte, lo importante es tener una clínica cercana donde yo pueda dar a luz en buenas condiciones. Me gustaría parir de forma natural, es más doloroso, pero más seguro. Espero no necesitar una cesárea.

—¿Una cesárea nos complicaría todo? ¿Por qué? —dije, revelando mi supina ignorancia.

—Claro, eso me dejaría tirada en una cama durante un mes. Y no podemos permitirnos ese lujo.

—Dios dirá.

—¿Ahora crees en Dios, Luis? —ironizó ella.

—Ahorita puedo creer en cualquier cosa que nos haga salir de esta —repliqué sin pensarlo.

—Yo te amo, ¿sabes?

Cuando Luciana dijo esas palabras la observé perplejo, ¿realmente me amaba? ¿Cómo hacía alguien como ella para querer a un tipo como yo? Me quedé mudo y para cambiar de tema le dije:

—¿Sabes lo que vamos a hacer?

—Ni la más pálida —respondió, con los ojos brillantes por la ilusión.

—Pasado mañana iré a Caracas. La carga va a salir desde La Guaira y yo debo coordinar todo desde allá. El Mamaco y el Alirio saldrán al día siguiente desde aquí, por carretera. Esta vez les pediré que ninguno se quede contigo para evitar inconvenientes. Tan pronto ellos se marchen, cuando nadie pueda verte, vas a meter tus cosas y las mías en una maleta… Solo las cosas esenciales, no lo olvides. Algo de ropa, toallas, medicinas… Todo lo demás se queda. Te vas a montar en la camioneta y te vas a ir a dormir a casa de tu madre. Cuando yo regrese, iré directo para allá y nos marcharemos de inmediato.

–Está bien, Luis, solo tengo una pregunta.

–¿Qué? Dime.

–¿Qué voy a decirle a mamá?

–Dile que conseguí un trabajo en España y nos vamos a vivir allá. Estará feliz, ¿no? Al fin y al cabo ese siempre fue su gran sueño: que te largaras de este país.

–Sí, pero en estas condiciones, no sé cómo lo vaya a tomar.

–Entonces no le digas nada.

–No sería capaz de largarme sin decir nada. Podría matarla de un infarto, Luis.

–Entonces no te queda de otra, dile la verdad… Y, por favor, ya no me sofoques más con estas cosas. Es suficiente lidiar con matones todo el día.

[…]

El día de nuestra partida me reuní con José Pasto en el aeropuerto de Santo Domingo. Le había dado instrucciones bien claras al Mamaco para que llegara a Caracas. Enfaticé que llenara de armas la camioneta, ya que no podíamos saber a qué nos enfrentaríamos. Por supuesto, ellos no tenían la menor idea de lo que iba a ocurrir. Llegué al aeropuerto con el Begonio. José Pasto estaba con dos de sus matones y otro sujeto que yo no conocía.

–Parcero –me saludó-. Tiempo sin verlo. ¿Cómo está la cosa?

–Pues bien, ahí vamos –repliqué.

–¿Cómo se prepara? –me preguntó.

–Como siempre. Con ganas de llenar el imperio de mierda.

–Oiga, lamento mucho lo que pasó con su mujer y su hija. Ya se lo dije por teléfono, pero tenía que decírselo en persona. Qué bien que ya los hizo pagar a esos hijos de puta… Yo los hubiese quemados vivos a esos perros inmundos.

–Gracias, José.

–¿Le dijeron a qué hora salía el vuelo? Yo ya me registré, pero la vieja esa no fue capaz de decirme si ya había llegado la aeronave.

–A mí me dijo que el vuelo salía dentro de cuarenta y cinco minutos.

–Perfecto, ¿le apetece desayunar algo?

–No, gracias, nunca salgo de casa sin comer –le respondí.

Era falso. No había desayunado. No quería que pensara que estaba nervioso, pero la verdad es que no quería comer nada: tenía unas náuseas horrendas y sentía que podía vomitar en cualquier momento. ¿Qué estaba pasando conmigo?

[…]

Cuando el avión despegó, el Begonio se persignó siete veces seguidas.

—¿Qué pasa, hombre? ¿Nunca se había subido a un avión? —le pregunté.

—No, patroncito, jamás. Los pobres no nos montamos en estos aparatos. Esto es muy jodido. ¿Y si se cae?

—No, hombre, qué se va a caer. O quien sabe, quizás sí.

—No me diga eso, patrón, deje la joda.

—Claro que no cae, Begonio, sino cómo carajos venderían boletos.

—Más le vale, mire que yo podré estar gordo y viejo, pero todavía me quedan unos añitos...

[…]

Llegamos a Maiquetia un poco después del mediodía. En esos momentos, el hambre empezó a azotar mi cuerpo. En todo el día no había comida absolutamente nada. Tan pronto aterrizamos fui a almorzar en uno de los restaurantes de la terminal, acompañado por el Begonio. Y aunque insistí que no hacía falta, José Pasto y sus secuaces se sentaron en mi mesa y ordenaron algo para comer. Pedí un hervido de res para recomponer mi estómago, también un pollo a la plancha. Tras comer la mitad del plato, me levanté de la mesa.

—Oiga, parcero, apenas ha probado bocado —señaló José Pasto.

—He estado un poco enfermo últimamente. Tengo que comer con cuidado. De todos modos, estoy satisfecho —le respondí fríamente.

Como solo llevábamos equipaje de mano, salimos directamente a tomar un taxi que nos llevaría a nuestro hotel en La Guaira. Pedimos una habitación para cada uno y quedamos en descansar un par de horas para encontrarnos a las cinco de la tarde en la recepción. Entonces iríamos al muelle y nos reuniríamos con los operadores del barco.

—¿Operadores del barco? —pregunté, sorprendido—. ¿Cómo así? Tenía entendido que el envío se haría por avión.

—No, parcero, tanta droga no cabe en un avioncito. Estamos hablando de ocho toneladas… ¡Ocho mil kilos! Nada es más seguro que enviarlos por mar. ¿De verdad no le explicó el Tino Méndez? ¡No lo puedo creer! —comentó José Pasto, ligeramente contrariado.

—A mí me dijo otra cosa.

—Hubo un cambio de planes. Tuvimos que sortear algunos desajustes y modificar la ruta, pero todo está bien. Igual nuestra misión no cambia: llevarle parte del dinero.

—¿Parte del dinero? —volví a asombrarme.

—Sí, parcero, solo una parte. ¿Usted cree que todo

lo que genera esta vuelta cabe en dos pinches camionetas?

—No, por supuesto, pero…

—¿Pasa algo malo?

—No, nada.

—El Tino quedó en llamarnos esta noche para darnos las indicaciones.

—Perfecto —le respondí, disimulando mi decepción como mejor pude.

No me sentía seguro. Sentía que el suelo se movía debajo de mis pies. Todo estaba a punto de irse al carajo. Subimos a las habitaciones, me tiré en la cama y traté de cerrar los ojos para dormir, pero como no tenía ni una pizca de sueño llamé a Luciana. Quizás hablar con ella me daría tranquilidad.

—¿Cómo sigues? —le pregunté tan pronto escuché su voz.

—Siento mucho dolor, Luis, quiero irme a casa de mamá —me respondió.

—No, tienes que esperar que el Mamaco y los demás se vayan.

—Bueno, trataré de esperar hasta mañana, pero me siento totalmente agotada.

—Tranquila, ya pronto saldrás de eso.

—Alejandro…

—¿Alejandro? —pregunté, irritado

—¿Te gusta ese nombre?

—Es un nombre distinguido. Suena bien —

comenté con alivio.

–¿Te gustaría que nuestro hijo se llame Alejandro?

–Lo siento, tengo tantas cosas en la cabeza que no había pensado en eso. Alejandro es un bonito nombre –añadí, mientras pensaba que Alejandro Restrepo era un nombre muy interesante.

–Entonces así se llamará. Ya me sentiré más tranquila.

–¿Por qué?

–Por alguna razón, me da tranquilidad que nuestro hijo tenga un lindo nombre.

–Debo colgar ahora. Voy a tratar de descansar.

–¿Cuándo volverás?

–En dos o tres días. Lo más probable es que sea en tres. Tenemos que ver cómo está la carretera y todas esas cosas. Además, no sabemos cuánto tiempo nos tomará el otro asunto.

–Estoy nerviosa, Luis.

–No te preocupes, todo va a estar bien.

–¿Me lo prometes?

–Sí, te lo prometo, todo va a estar bien –respondí tras guardar silencio un par de segundos.

Cerré los ojos tan pronto colgué el teléfono. Llevaba tanto tiempo sin dormir que perdí la conciencia como si me hubieran golpeado la cabeza con una piedra. Cuando desperté, el Begonio llamaba a la puerta de mi habitación y me decía que ya era hora de partir. Tomé una ducha rápidamente, me cepillé los dientes y bajé a la recepción. Allí estaba el Begonio junto a José Pasto y su gente.

—¿Todo listo? —preguntó José Pasto, enérgicamente.

—Sí, listo, todo bien —respondí, con aire distraído.

Dado que las camionetas llegarían al día siguiente, salimos en taxi. Rápidamente, nos internamos entre las horribles calles de La Guaira hasta llegar a los muelles donde nos reuniríamos con aquella gente. Llegamos en solo un par de minutos. Era una zona fea, sucia, descuidada. Bajamos de los vehículos y caminamos hasta el interior de un depósito lleno de containers. Nos recibió un sujeto que debía tener la edad de nosotros, cara de consumir mucho perico y gestos de excesivo nerviosismo, como si le fuese imposible mantener quietos los músculos de su cara. ¿Me vería yo así en unos años si seguía consumiendo tanta cocaína? Ingresamos a un container con aire acondicionado, organizado como una oficina. Entramos José Pasto, el sujeto extraño y yo. No hubo una charla previa, ni saludos formales. Entramos en materia de inmediato. Minutos después el sujeto dijo que se llamaba Roy y nos explicó que la carga sería montada en un barco (mismo que nos señaló desde una pequeña ventana) rumbo a la Florida, camuflada entre cacao y otros productos regionales. A mí me parecía bien, o mejor dicho no me importaba, ya que solo quería hablar de dinero, pero curiosamente ese tema no se tocó. Mientras hablaba, el tal Roy nos miraba fijamente a los ojos. José Pasto hizo algún esfuerzo por interactuar con él, pero yo no tenía ganas de hablar, solo quería que se acabara el día e irme a dormir.

Finalmente, al cabo de una reunión que duró más de una hora, fuimos a conocer el muelle, el lugar donde debíamos aparcar las camionetas y hacer el desembarco de la mercancía. Allí montaríamos todo. Lo único que no me quedaba claro era el asunto del dinero. ¿Por dónde vendría? ¿Cómo lo recibiríamos? Puesto que aquello era lo único que me importaba, me vi en la tentación de preguntar, pero preferí callar… Supuse que cuando me llamara el Tino Méndez entendería el plan a la perfección.

Al salir del muelle, volvimos directamente al hotel. José Pasto estaba muy serio y callado. Al llegar al lobby nos despedimos y quedamos en vernos al día siguiente. Fui a cenar con el Begonio y cuando estábamos a punto de ordenar mi teléfono comenzó a sonar.

—¡Aló! —contesté, nervioso.

—Luis Restrepo.

—Parcero, ¿cómo está? —reconocí al instante la voz del Tino Méndez.

—Bien, todo en orden.

—Cuénteme, ¿cómo vio todo por allá?

—Bastante bien, aunque no sabía que el transporte sería por barco. Me enteré en el muelle. Roy nos explicó los detalles. Me parece que todo está muy bien organizado. Mañana, cuando lleguen las camionetas, cargaremos la mercancía de madrugada y, bueno, después regresaremos a nuestras casas.

—Perfecto. Así me gusta. Hubo un cambio en la agenda, porque últimamente hay mucho control aeronáutico en los Estados Unidos. Los gringos se ponen supersticiosos en septiembre, usted sabe, por la vaina de las Torres Gemelas. Por eso decidimos a último momento hacer el negocio por mar. Al fin y al cabo, es menos rápido, pero más seguro.

—Suena bastante sensato —comenté.

Estuve a punto de sacar el tema del dinero, pero me contuve. Esperaría a que él mencionara el asunto. Después de todo, esa era parte esencial de nuestra misión.

—¿Ya habló con el Mamaco? —preguntó, con esa voz enérgica, acostumbrada a dar órdenes.

—No he hablado con él todavía. He estado ocupado desde que llegué y no me he podido comunicar con nadie.

—Llámelo. Dígale que salgan lo más temprano posible para que lleguen a buena hora a Caracas.

No solo tienen que supervisar la carga, también tienen que recoger el dinero.

—¿Cómo así? —pregunté, como si me agobiara lo del dinero.

—No se preocupe, ya he hablado con él. De todas formas, tendrán que buscar el dinero en el aeropuerto militar de La Carlota. Allí les entregarán el dinero. Un alto mando del ejército está trabajando con nosotros. Cuando embarquemos toda la carga, nuestra parte del dinero estará lista para ser recogida.

—¿Puedo saber cuánto dinero vamos a retirar? Debe ser una locura, ¿no?

—Ustedes deberán traerme doce millones de dólares en efectivo. He contratado dos vehículos blindados y dos camionetas de apoyo para ejecutar esa parte de la operación. Lo demás será transportado más adelante. No es aconsejable arriesgar tanto en un solo viaje.

—¡Mierda! —pensé.

—Luis Restrepo, ¿está ahí? ¿Pasa algo? —preguntó el Tino, asombrado.

—Sí, claro, todo bien.

—¿Todo bien?

—Voy a cenar ahora. Luego me comunico con el Mamaco, ¿te parece bien?

—Perfecto, estaremos conversando más adelante.

Doce millones de dólares, blindados, camionetas… ¿Y ahora? ¿Qué podía hacer yo solo?

[...]

Al día siguiente, nos pusimos cómodos en el hotel aguardando la llegada los demás miembros de la operación. Salí un rato a la playa para relajarme un poco, pero nada funcionó como esperaba. Al final, no tuve más opción que regresar al hotel y matar el tiempo de cualquier manera.

El Mamaco llegó cuando empezaba a anochecer, devastado por el esfuerzo del viaje.

—¿Cómo les fue? —pregunté a mi mano derecha.

Él apenas me miró a los ojos. Era algo totalmente inusual.

—Nosotros vamos a descansar un poco, el Tino me dijo que los enviara a ustedes al muelle para que verifiquen que el envío se haga de acuerdo a lo planeado.

—¿Cómo así? ¿Ahora tú me das órdenes a mí? —dije, sin salir de mi asombro.

—Son órdenes del Tino, no mías.

No hubo nada más que decir. Salimos al muelle, José Pasto y yo, en las camionetas que habían traído el Mamaco. Poco después, llegaron los camiones con toda la droga. Ya era de noche. No había ningún tipo de actividad en todo el muelle. Solo nosotros estábamos ocupados. Roy se encargaba de vigilar que la mercancía fuese acomodada adecuadamente, José Pasto y yo éramos simples espectadores. Al cabo de un rato, Roy nos presentó a un hombre de facciones severas y nos dijo que era uno de los militares a cargo de la operación. El tipo nos saludó con prepotencia, como si hubiésemos sido delincuentes comunes, y él un ejemplar servidor del Estado. Acto seguido, nos dio las coordenadas para salir a buscar el dinero en La Carlota. Allá nos debía recibir un tal Palomino. "Palomino a secas", acotó.

Una vez culminado el proceso de montaje, que se prolongó desde las ocho de la noche hasta bien entrada la madrugada, volvimos al hotel en busca del Mamaco, Jabinson y los demás integrantes, para ir a recoger el dinero.

En la recepción, Jabinson nos dijo:

—Recojan sus cosas, vamos a buscar el dinero y nos regresamos de inmediato.

—¿A esta hora? —pregunté, intrigado.

—Sí, parcero, no se puede dar papaya con todo ese dinero.

De alguna manera, aquello me alegró, porque era mucho más fácil escapar de noche, en plena penumbra. De día, con el tráfico y los operativos policiales, era virtualmente imposible.

—Seguro, iré a recoger mis cosas.

En el camino, comencé a imaginar lo que sería mejor para nosotros. Si íbamos a transportar doce millones en dos vehículos blindados y dos camionetas, más una de relevo, estimaba que cada camioneta debía llevar -al menos- millón y medio de dólares. De ser así, podía darles quinientos mil a mis hombres y quedarme con un millón. Dispararíamos a las ruedas de los otros carros para inmovilizarlos, sin necesidad de herir a nadie, y nos daríamos a la fuga.

Tan simple como eso.

Montamos el poco equipaje que llevábamos y fuimos directamente a La Carlota. Allí nos recibió el tal Palomino, un sujeto que parecía una copia juvenil del militar que conocimos en el muelle. Pasamos rápidamente a una de las oficinas y al dar el primer paso vi que estaba atiborrada con bolsas llenas de dólares.

–En cada bolso negro hay cincuenta mil dólares. Cada camioneta lleva dos millones. Los blindados llevan cuatro millones cada uno –comentó el Jabinson.

Sonreí para mis adentros. Dos millones era más de lo que tenía en mente. Semejante cantidad me permitiría hacer negocios con mis hombres y tomar dinero suficiente para largarme de este puto país.

Montamos todo el dinero en las camionetas y los blindados y, sin pensarlo dos veces, nos dirigimos hacia la frontera con Colombia. En mi camioneta llevaba dos millones de dólares. Me acompañaban el Mamaco, Alirio y el Begonio que, por haber descansado más, conducía el carro.

Después de casi una hora de viaje tomamos la autopista hacia Maracay. Un silencio pesado invadía el ambiente. A esa hora nadie podía tener ganas de hablar y yo solamente pensaba en marcharme con esos dos millones de dólares colgados del hombro.

De pronto mi teléfono comenzó a sonar.

—¡Aló! ¿Luciana?

—¡Luis, no puedo más! ¡Voy a reventar! Estoy entrando con mamá a la clínica… Creo que voy a parir en cualquier momento.

—Pero…

—¡Luciana no puede hablar! Va a entrar a parto de inmediato. ¿Dónde estás tú? —preguntó su madre-. Ven rápido, te necesitamos, cabrón.

Y tras decir eso, colgó sin darme tiempo a reaccionar. ¡Vieja puta! ¿Y ahora? ¿Qué podía hacer? Aunque pudiese robarme el dinero, no me sería posible ir en busca de Luciana y el niño para desaparecer del mapa. La ansiedad empezó a nublar mi mente. "¿Qué hago?", pensaba. "¿Deberé conformarme con los doscientos o trescientos mil dólares que me dará el Tino Méndez?"… Estaba sumido en mis dilemas, cuando una voz me trajo a la realidad.

—¿Problemas, patrón? —preguntó el Begonio.

—Voy a ser padre, Begonio… En estos precisos

momentos.

—Vaya, felicitaciones —respondió, pero los otros guardaron silencio.

—Gracias —le dije, mirando a los demás por el retrovisor.

Al cabo de una hora, el Mamaco finalmente comenzó a hablar. Despertó a Alirio y comentó algo sobre un "punto".

—¿Un "punto"? ¿Cuál? ¿Qué es eso? —pregunté, algo inquieto.

—No se preocupe, patrón. Es solo una parada que tenemos que hacer.

—¿Para qué?

—Órdenes del Tino.

—A mí no me dijo nada —dije, con visible molestia.

—A nosotros sí —dijo él, con indisimulada arrogancia.

¿Qué estaban tramando? ¿Me habían tendido una trampa?

—Creo que el Tino nos está tendiendo una trampa —comenté alarmado.

—¿Sí? ¿Por qué? —preguntó el Mamaco, con los ojos bien abiertos.

—Ha estado actuando muy sospechosamente en los últimos días: me oculta cosas, cambia de planes a cada rato… No sé, algo huele mal —les dije con total sinceridad.

—¿Propone que hagamos algo? —volvió a

preguntar el Mamaco, fingiendo interés.

—Quizás lo mejor será que huyamos —me aventuré a decir.

—¿Huir? ¿Nosotros? —preguntaron todos, ofendidos.

—Sí, huir —respondí secamente.

Los tres se miraron fijamente unos a otros y no dijeron una sola palabra.

—¿Qué pasa? —pregunté.

—Ya estamos llegando al punto —respondió el Mamaco.

—¿El "punto"? —volví a preguntar, furioso e irritado.

—Tal como ordenó el Tino.

—¿De qué están hablando, cabrones?

Pero nuevamente no se molestaron en decirme nada. Los blindados y las camionetas estacionaron a un lado de la autopista. Nos habíamos detenido en medio de la nada.

—¿Qué hacemos aquí? —pregunté, nervioso.

Entonces el Mamaco y Alirio sacaron sus armas y las apoyaron sobre mi cabeza.

—Bájese aquí, patroncito.

—¿Qué pasa? ¿Qué están haciendo?

—¡Que se baje le dije! —ordenó el Mamaco.

Abrieron una puerta de la camioneta, Jabinson me cogió de la camisa y me llevó a un costado de la autopista. Poco después, trajeron a José Pasto y lo colocaron a mi lado.

–No es nada personal. El jefe ordenó que los elimináramos. Dice que ustedes ya no son hombres de confianza –explicó el Jabinson, sin que nadie se lo pidiera.

Acto seguido, el Mamaco apuntó a la frente a José Pasto y le metió un tiro sin decirle nada. Y cuando su cuerpo cayó al suelo, lo remató con tres disparos. Todos a la cabeza. Pasto no tuvo tiempo de maldecirlos.

–¡No, Mamaco, espera! –grité-. No puedes hacerme esto. Yo te metí en el negocio. Te di trabajo, pagué tu transplante… Todo.

–Lo siento, patrón, pero usted ya lleva días oliendo a muerto –respondió con una de sus frases clásicas.

–¡Mamaco! ¡Begonio! ¡Alirio! ¡Voy a ser padre, por dios!

–No se preocupe, jefe, yo le cuido al chino –dijo el Mamaco, irónico.

–Mamaco, ¿acaso no somos amigos?

–Los amigos no existen, patrón. Solo existen los negocios.

El Mamaco dejo de hablar. Apoyó su pistola en mi frente y entonces escuché el estallido.

GLOSARIO DE
TÉRMINOS Y EXPRESIONES

Buscas las camisas con tu dicho o frase favorita en
https://www.shop.lashistoriasdelaciudad.com/

Ando pelando: Andar sin dinero
Anexo: habitación o apartamento
Arrechar: enojar, emberracar, excitar sexualmente.
Bachaquear: Contrabandear o revender alimentos y productos de primera necesidad
Bachaquero: Persona que se dedica a revender o contrabandear alimentos o productos de primera necesidad
Bajale dos: calmarse, tranquilizarse
Bajarlo: asesinarlo, matarlo, darlo de baja.
Batuquearme: Es un movimiento rápido, también se puede usar como ingerir la cocaína
Bolas: guevas, pelotas, testículos, arrojo, coraje, guapeza.
Burda e ladilla: Muy fastidioso
Cabellos churcos: Cabello ondulado, churco.
Caer a coba: Decir mentiras
Caer a palos: Tomar alcohol
Caer a pericos: Esnifar cocaína o perico
Caernos a perico: Ingerir perico en cantidades
Caerse a palos: Tomar alcohol
Carajito (a): niño o niña pequeña
Carajo: alusión negativa de una persona
Cayendo a paja: Diciendo mentiras
Chamos, chamitos: Así se llama a los jóvenes.
Chill: Tranquilo
Chiripita: Se refería al pene, como diminuto
Coger: fornicar, copular, relación sexual
Coñazo: golpe, puñetazo.
Coño e' madre: insulto, hijo de tu maldita madre
Crisiao: ansiedad de consumo, crisis por falta de droga
Echar birras: Tomar cerveza
Echarle bolas: Insistir, tener dedicación

Buscas las camisas con tu dicho o frase favorita en
https://www.shop.lashistoriasdelaciudad.com/

Enchufados: Allegados al gobierno
Engatusarlo/engatusar: Corromper, manipular.
Esnifar: inhalar cocaína por la nariz
Fino: Bien.
Full Boleta: Algo muy notorio
Guisao: Cuadrado, cocinado, definido.
Jalada: serie se jalones o "aspiraciones" de cocaína
Jalón: acción de inhalar cocaína
Jevas o Jevitas: mujeres, novias, damiselas o prostitutas
Joderse en la mano que da de comer: Traicionar al jefe o persona que brinda apoyo
Ladilla: alguien fastidioso, molesto, desagradable.
Línea: Puede referirse a la línea de cocaína
Lucas: Dinero
Mamaguevo: Insulto coloquial
Marico: pana, compañero, amigo
Mariquear: arrepentir, echar para atrás, acobardar
Mariquito: Diminutivo de marico.
Me cargan a monte: Estar encima de una persona para que realice algo.
Me cargan jodido: incumplir con el pago de las deudas
Me cargas: Me tienes
Menor(a): Mote genérico de las clases bajas.
Menor(b): Mote que emplean los malandros
Merca: la reserva de droga para vender, la mercancía
Meter unos reales: Invertir dinero
Pacos: autoridades policiales, policías, guardias.
Pajudo: Mentiroso
Palos: Cada palo son mil bolívares.
Pana o Parce: amigo, compañero de andanzas, camarada, compinche
Pasapalos: Comida, sería el equitativo de tapas, o aperitivos
Pea: resca, borrachera, estado de ebriedad.
Pegar un quieto: Realizar un asalto

Buscas las camisas con tu dicho o frase favorita en
https://www.shop.lashistoriasdelaciudad.com/

Pegarle los mocos al techo: Andar exaltado.

Pegues: Estar drogado

Pelando: Sin dinero

Peos: problemas, conflictos, peleas

Perico: Derivados de la cocaína más impura

Piró: Mote genérico en masculino utilizado por delincuentes.

Piroa: Mote genérico en femenino utilizado por delincuentes

Platero: monto de dinero, cantidad de plata o dinero.

Ponerse con cómicas: Cambiar los términos de un acuerdo.

Rallar: Hablar mal de alguien

Rallas: Hablar mal

Ratón: guayabo, resaca

Rayado: Persona con mala reputación

Real: Dinero

Shots: cada trago de licor que se ingiere

Sifrinitas: Mujeres engreídas

Tigritos: Negocios

Tochada: tontería, bobada

Tranqué: Colgar.

Traqueto: comerciante de drogas ilícitas, narcotraficante.

Tripeo: salida de viaje, emprender un viaje

Un Pase: la dosis de cocaína que se aspira

Verga: Palabra genérica, se usa para cualquier referirse a cualquier cosa.

Volteadas: Borrachas.

Voltearle la cara: abofetear

Vueltica: Misión

White: la cocaína, la coca, la blanca

Yesquero: mechero, encendedor, candela

Zanahoria: Estarse sano, no meterse en problemas

LAS HISTORIAS DE LA CIUDAD

El mundo no es blanco y negro como las páginas de este libro.
Es de color gris. El bien y el mal aparecen muy borrosos
cuando la espalda está contra la pared. Como reaccionas ante la
adversidad, determina gran parte de tu destino.
Si, controlas tu destino, ¿qué vas a elegir?
El poder real viene con opciones y es por eso que el
conocimiento es poder. El mundo es grande, pero si no sabes
qué opciones existen más allá que las de tu área inmediata, no
tienes muchas opciones. Todo y todos están conectados de
alguna manera. Nuestra misión es conectar y comunicar para
crear un mañana mejor para todos y
cada vida que tocamos.

**Nos gustaría aprovechar esta ocasión para invitarle a
visitarnos en http://www.lashistoriasdelaciudad.com/**

**Manténgate en contacto con LHDLC y
Únete a nuestra lista de email en
http://www.lashistoriasdelaciudad.com**

The House of Randolph Publishing, LLC
1603 Capitol Ave.
Suite 310 A394
Cheyenne, Wyoming 82001

Email: info@lashistoriasdelaciudad.com

Voice #: 307-222-2788
Fax #: 307-222-6876

SOBRE EL AUTOR

Joaquín Matos es un escritor y periodista de Caracas, Venezuela. Su abuelo, un director de escuela, lo inspiró para escribir. La pasión de Joaquín por el arte se comentó después de escribir un poema precoz. Fue elogiado a nivel local y a pesar del reconocimiento, las condiciones socioeconómicas de Venezuela obligaron a Joaquín a desarraigar a su familia y trasladarse a Panamá. Actualmente escribe novelas y cuentos con un enfoque en personajes que pueden representar a muchas de las personas en este mundo, cuyas historias de otro modo no serían contadas.

Vea aquí más información disponible sobre Joaquín en
amazon.com/author/joaquinmatos

Leer partes 1 - 4

Por qué prefiero ser un narco: Es mejor que un ordinario

Por qué prefiero ser un narco 2: Y su prima también

Por qué prefiero ser un narco 3: La matanza

Por qué prefiero ser un narco 4: La venganza

Escuchar partes 1 & 2
Narrado por Juan Carlos Pinedo

Por qué prefiero ser un narco: Es mejor que un ordinario

Por qué prefiero ser un narco 2: Y su prima también